プロブレムQ&A

10代からのセイファーセックス入門

［子も親も先生もこれだけは知っておこう］

■

堀口貞夫・堀口雅子・伊藤　悟・
簗瀬竜太・大江千束・小川葉子・著

緑風出版

プロブレムQ&A

目次

プロブレムQ&A

I　性のABC

Ⅱ 男性の体と性器

プロブレムQ&A

Ⅲ　女性の体と性器

Ⅳ　セイファーセックスの必要性

Ⅴ　セックスと妊娠

プロブレムQ&A

プロブレムQ&A

VII 同性愛者のセイファーセックス

本文イラスト＝堀内 朝彦

I 性のABC

Q1 セックスとはなんですか?

愛のあるセックスと愛のないセックスとはどう違うのですか？　何歳からセックスをしてよいのですか？　セックスをすることで何か問題が起きますか？

セックスという言葉《ことば》はもともとは性交《せいこう》だけでなく、性器《せいき》や性欲《せいよく》、性的行為《せいてきこうい》など性に関する広い意味《いみ》をもっています。また、性別《せいべつ》（女性と男性）の意味もあります。しかし日本ではセックス＝性交の意味に使われることが多いので、ここではおもにその意味で使います。

仲のよい友だちができたとき、つねにその友だちが気になることがあります。一緒《いっしょ》にいるととても楽しくて、今なにをしているのか、どこにいるのかと気になります。そうすると、多くの時間を一緒に過《す》ごしたくなります。手をつないだり肩《かた》を組んだりするだけでも楽しく、明日の約束《やくそく》をするのもうれしい気持ちです。相手《あいて》も自分に好意《こうい》を持っていることがわかってくると、唇《くちびる》で額《ひたい》や頬《ほほ》に触《ふ》れたくなり、さらに肌《はだ》と肌を触《ふ》れ合いたい、一つになりたいと思います。そして、セックスをしたいという思いにもかられます。

イギリスの動物学者《どうぶつがくしゃ》デズモンド・モリスは男女が出会ってセックスに至《いた》るまでを一二段階《だんかい》で示しました。もちろんすべてのカップルがこの段階をたどるわけではありませんが、生物学的《せいぶつがくてき》にみた性行動として理解《りかい》できます。

セックスの目的《もくてき》は、動物では生殖《せいしょく》が第一です。しかし人間の場合は若いカップルが「子どもを生みたい」「生んでほしい」と望むのはごく少数派《しょうすうは》です。既婚《きこん》のカップルが生涯《しょうがい》に持つ子どもの数が一人か二人という現状《げんじょう》ですから、未婚《みこん》の場合はなおさらでしょう。

人間のセックスの目的は、二人の結《むす》びつきをいっそう深《ふか》めたいという要素《ようそ》が大きい

人間の求愛・12段階

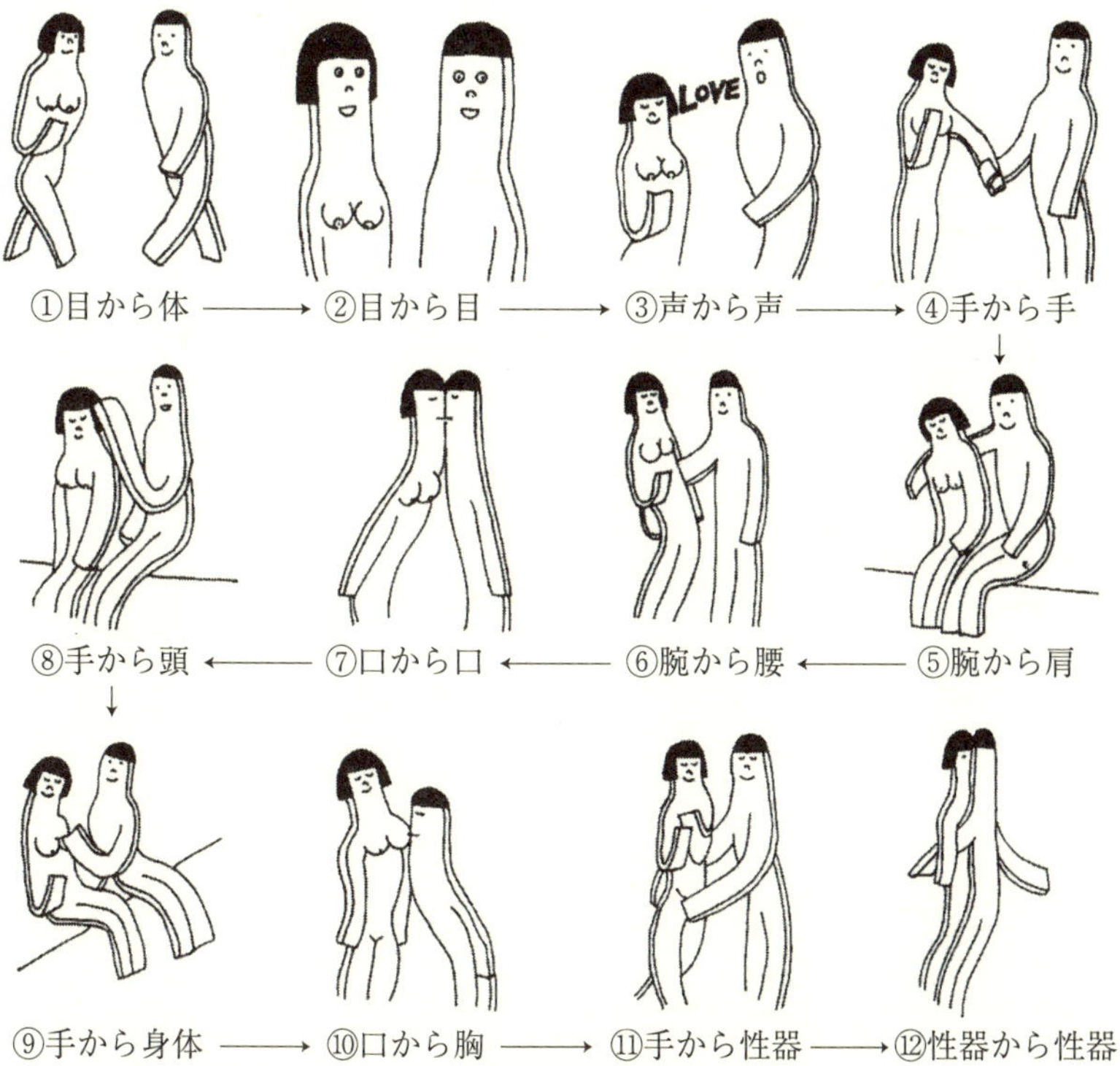

出典）『現代性教育研究』第17号日本性教育協会より

でしょう。「精神性《せいしんせい》」「連帯性《れんたいせい》」といった言葉で表現されますが、セックスによってそれらが充足《じゅうそく》できます。結果として得られる快感《かいかん》も目的の大事《だいじ》な部分です。

「何歳《なんさい》からセックスをしてよいか」は、むずかしい問題です。現実にはセックスを経験《けいけん》する年齢《ねんれい》は年々、低年齢化《ていねんれいか》していて、それに伴《ともな》う問題が大きくなってきています。セックスは妊娠《にんしん》とつながり、ＳＴＤ（性感染症《せいかんせんしょう》）の心配もあるからです。

本来なら、自立《じりつ》して生活していく覚悟《かくご》ができているかどうかを目安《めやす》にしてセックスをしてほしいと思いますが、そこまでの覚悟はなくても、少なくとも避妊《ひにん》と性感染症の予防《よぼう》を二人の責任《せきにん》で実行《じっこう》できることが必要条件です。「愛があればセックスしてもよい」という言葉をよく聞きますが、愛するとは、ただ「好き」というだけではなく、このように相手を、そして自分を思いやることができることです。

愛のないセックスとは、「セックスをしたい」という気持ちに（多くは男性の）突《つ》き動《うご》かされて相手《あいて》のことを思いやることなしに性欲《せいよく》を解消《かいしょう》したり快感《かいかん》を得《え》たりするための一方的《いっぽうてき》な手段《しゅだん》として行われるものです。妊娠やＳＴＤの危険があるのはもちろんですが、身勝手《みがって》な相手の人権《じんけん》を無視したセックスです。

セックスによる病気（ＳＴＤ）がどれくらい広がっているか、感染を予防するた

性交経験率の推移

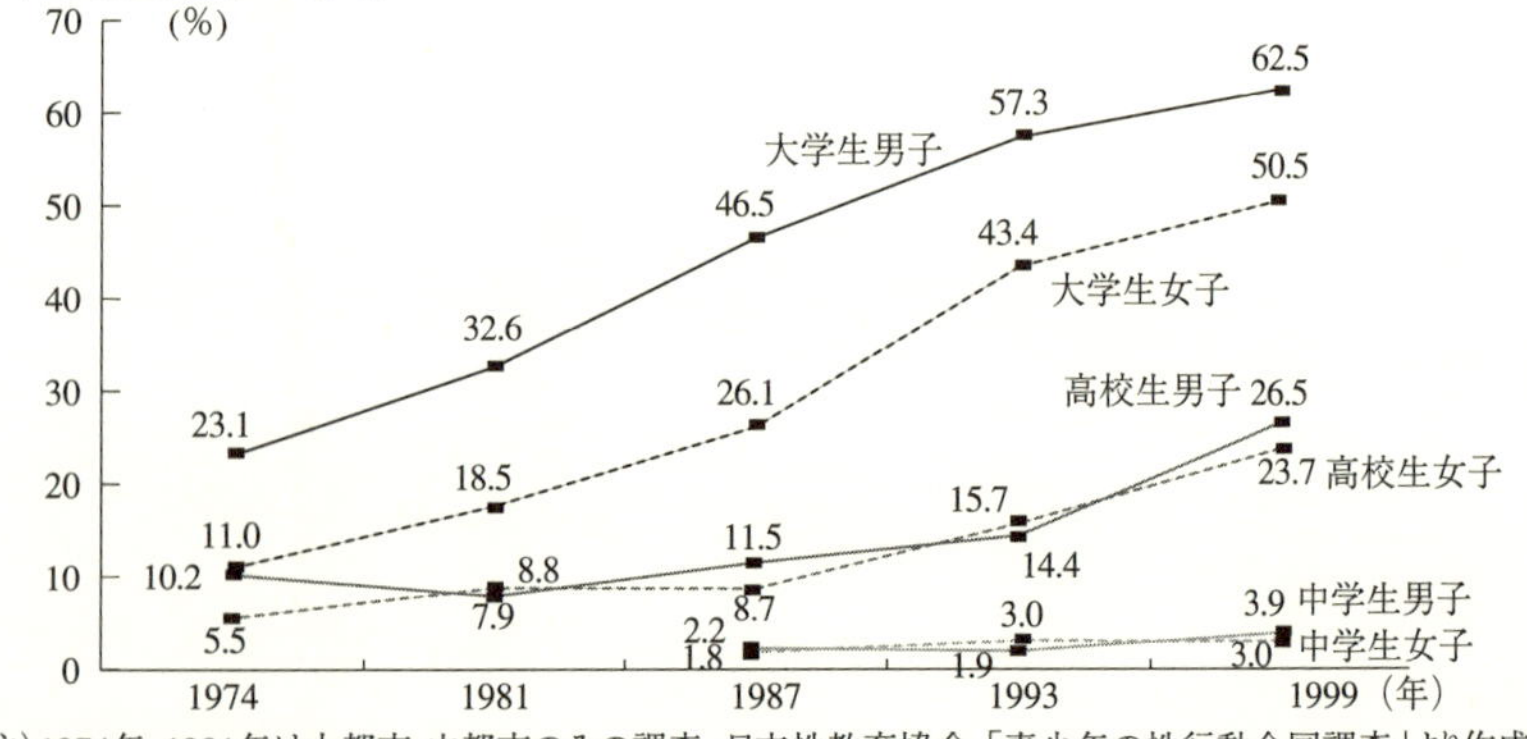

注）1974年、1981年は大都市・中都市のみの調査。日本性教育協会「青少年の性行動全国調査」より作成

めにどんな方法があるか、妊娠することは女性の体と心にどれだけの負担《ふたん》を強いることになるか、妊娠を避《さ》けるためにどんな方法があるか、などを正しい知識として知っていることが、相手や自分を思いやるために必要《ひつよう》な具体的《ぐたいてき》な事柄《ことがら》であり、セックスをするための最低限《さいていげん》の条件《じょうけん》でしょう。

Q2 性教育は何歳くらいから始めるべきですか?

国によってはずいぶん小さいころから性教育をしていると聞きました。いくつから始めるのがいいですか? 小さすぎると理解できないのではないですか?

私が性《せい》の話をするのは中学生や高校生が多いのですが、私の尊敬《そんけい》するメグ・ヒックリングさんは性についての話を始めるのは就学前《しゅうがくまえ》の年齢《ねんれい》がいいと本の中で書いています。メグさんは三~五歳の子どもたちは知的好奇心《ちてきこうきしん》にあふれていて、体についての知識《ちしき》も、ほかのことと同じように受け入れるので、いちばん楽《らく》に科学的《かがくてき》に性の健康について教えられるといっています。また、健全《けんぜん》な性について教育《きょういく》を受けた子どもたちは、性的虐待《せいてきぎゃくたい》などの犠牲《ぎせい》にならずにすんでいるとも述べています。

「子どもが性的虐待から身を守るためには、性についての科学的なことばや知識を必要とします。(中略) 小さいころから性について学んでいると、性的虐待などから自分を守ることができるだけでなく、大きくなってからも必ずその成果《せいか》が現われます。十代の子どもや若者《わかもの》が性について家庭で自由《じゆう》な雰囲気《ふんいき》で学んでいると、早

メグ・ヒックリング

メグさんはカナダ人で看護師をしながら性教育に携わってきました。今では年間一万人もの子どもたちやその親たちに性について教えているそうです。

くから性関係《せいかんけい》をもつこともなく、だれかれと際限《さいげん》なくセックスだけのつきあいを重《かさ》ねてしまうこともなく、恋人との関係で危険《きけん》な目にあうこともずっと少ないのです。また、毎日の生活の中でも安心していられ、しあわせに、うまくやっていくことができるのです」

メグさんのこの言葉《ことば》は日本においても共通する事柄でしょう。

「性の健康教育《けんこうきょういく》ワークショップ」を主催《しゅさい》している岡村聡子さんが、親や子どもに性教育をするようになったきっかけは、自分の五歳の子どもから尋《たず》ねられた「ママ、ぼくどこから生まれてきたの?」という問いでした。質問《しつもん》に答えられなかった岡村さんは答を求めて性教育関係《せいきょういくかんけい》の本を読みあさり、そのうち、ワークショップを持つまでになりました。

子どもから性についての質問を受けると、たいていの親はきちんと答えることができません。それだけでなく、あたふたしたり、「そんなことは聞かなくてもいいの」と、とがめたりしてしまうので、子どもは敏感《びんかん》に親の心を感じとって以後《いご》は質問をやめてしまいます。

「ぼくにはオチンチンがあるのに、どうしてお母さんにはないの?」。これも小さい男の子が素朴《そぼく》に感じる疑問《ぎもん》でしょう。このとき「あなたは男でお母さんは女。

メグさんのワークショップ

メグさんの「性の健康」ワークショップは次のホームページで紹介されています。

http://www.asahi-net.or.jp/~zv6m-ishr/videodoc/meg.html

メグさんの主張と実践

・子どもが、性の健康についての知識を与えられることは、子どもの基本的な権利であること

・子どもが、商品化されたゆがんだ性のイメージにとらわれないうちに、できれば四、五歳のころから教え始めること

・子どもの成長とともに、知識を増やしながら教え続けていくこと

その違いは男女を区別するため……」などとさりげなく話せれば、性教育のスタートにもなるのですが、たいていの大人はオチンチンをセックスにつなげて考えてしまい、あわててしまうのです。

子どもが小さいときに「性」を上手《じょうず》に子どもに話すことができ、性について話せる下地《したじ》をもつことができたら、親にとってもどんなに気が楽でしょうか。むずかしい質問のときは「調べてから教えるから待ってね」といえばいいのです。

岡村さんはいいます。「子どもは、自分の存在《そんざい》のルーツを親から話してもらうことによって、自己肯定感《じここうていかん》が高まり安定《あんてい》します。同時《どうじ》に親自身も、今まで避《さ》けて通ってきた話題《わだい》を話してみると、子どもがあっけなく受け入れる姿《すがた》をみて安心し、話すことができた自分に自信《じしん》が持てて自己肯定感が高まるのです」(『We』二〇〇四年六月号)。

「どこから生まれてきたの?」と尋《たず》ねたときに、「ママのおなかで大きくなって生まれたのよ」と聞けば、小さい子どもは安心することが多いのです。

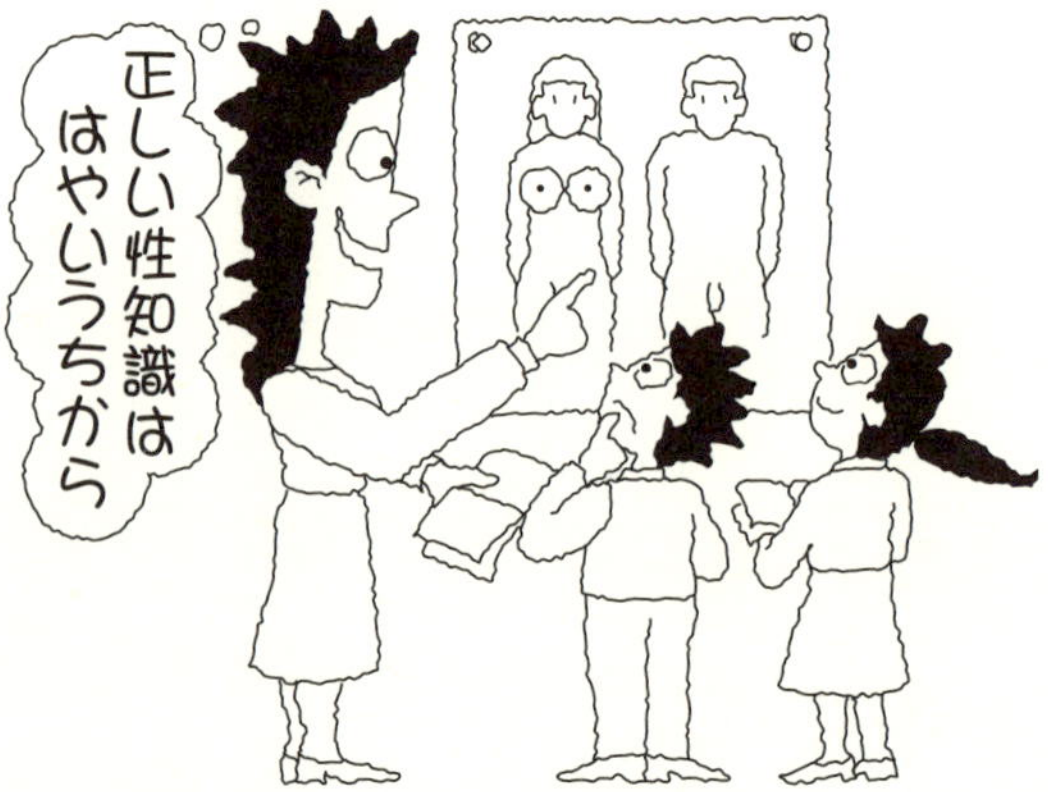

Q3 性教育を子どもに教えるのは、親の仕事？　学校の仕事？

セイファーセックスはすごく大事なことなのに、学校で教えないのはなぜですか？　親に聞いても、はっきり答えてくれないので、困っています。

現在《げんざい》も含《ふく》めてこれまでの日本の社会は、子どもにも若い人たちにも「性」についての科学的知識《かがくてきちしき》をきちんと伝えていません。男女の体の仕組み、セックス、避妊《ひにん》、STDについて学習《がくしゅう》した経験《けいけん》のある人はごく一部《いちぶ》でしょう。お母さん世代は科学的な性教育を受けなかったのですからしかたがないですね。そんな中で、性に対する意識《いしき》だけはどんどん変《か》わってきました。性に対する意識は変わらないのに、特に男性を刺激《しげき》する情報《じょうほう》だけは際限《さいげん》なく広がり簡単《かんたん》に手に入ります。だから、科学的に性を伝えられずに性から遠ざけられていた親世代が、性への対応《たいおう》にとまどうのは無理《むり》のないことです。中には、中学生の娘から娘の友人のセックス体験《たいけん》を聞き、「あわてて娘に妊娠や避妊の話をしました」というお母さんもいますが、たいていの親は心配《しんぱい》だけれど、どうアドバイスしてよいかわからない、ということなのでしょう。

親もさりげなく性について子どもに伝えてほしいと思いますが、学校でこそきちんと性教育《せいきょういく》をすることが必要《ひつよう》でしょう。ところが、熱心《ねっしん》に性教育をしているのは女子校《じょしこう》が多く、性教育などまるで考えないのが男子校《だんしこう》、と私の目には映《うつ》っています。現状《げんじょう》では、セックスの主導権《しゅどうけん》は男が持っているにもかかわらずです。「セックスの場で主導権を持っているのだから、何も教える必要はない」と考えているようにさえ思えます。

若い人が性の知識を得たり影響《えいきょう》を受けたりするのは、マンガや雑誌《ざつし》、友人、テレビやラジオからが多いそうです。マンガや雑誌は売り上げを伸ばすために興味本位《きょうみほんい》で描《えが》かれているものが多いし、友人はどこから学んだのか、などと考えると心配な限りです。この国の性情報《せいじょうほう》は氾濫《はんらん》し放題《ほうだい》、といっていいでしょう。

そういった現状であるにもかかわらず、性教育については、いまだに男女別々に月経《げっけい》や射精《しゃせい》についてあたらずさわらず教えるだけです。

私はしばしば中学生や高校生を対象に性について話をしていますが、ほとんどが肯定的《こうていてき》な反応です（↓Q４）。産婦人科《さんふじんか》の医師《いし》が積極的《せっきょくてき》に性教育を行っている例《れい》もあります。地方の総合病院《そうごうびょういん》に勤務《きんむ》している女性医師《じょせいいし》は、診療《しんりょう》の傍《かたわ》ら年間六〇回も中学・高校に出向《でむ》いて、性教育をしています。話をしたあとは「性感染症の検査を受

専門医による学校相談活動

東京都教育委員会は二〇〇五年二月、「都立学校における健康づくり推進計画」の策定を発表しました。この計画は「健康づくり推進のための支援」「児童・生徒の健康課題に対する環境整備」「都立学校における健康教育の推進」の四つの目標を柱とし、具体的な一九のプランが立てられています。

その中の一つに「専門医による学校相談活動」の実施があります。精神科医や産婦人科医が相談支援や健康教育の支援を行うというもので、左の表のように計画されています。

けたい」「コンドームなしのセックスの経験があって心配」などと受診者《じゅしんしゃ》が増えるそうです。

私は「性の学習」という言い方をよく使います。教えられるだけでなく、自分自身で性のことを学習してほしいと思うからです。

大学生が性について知りたいことは?

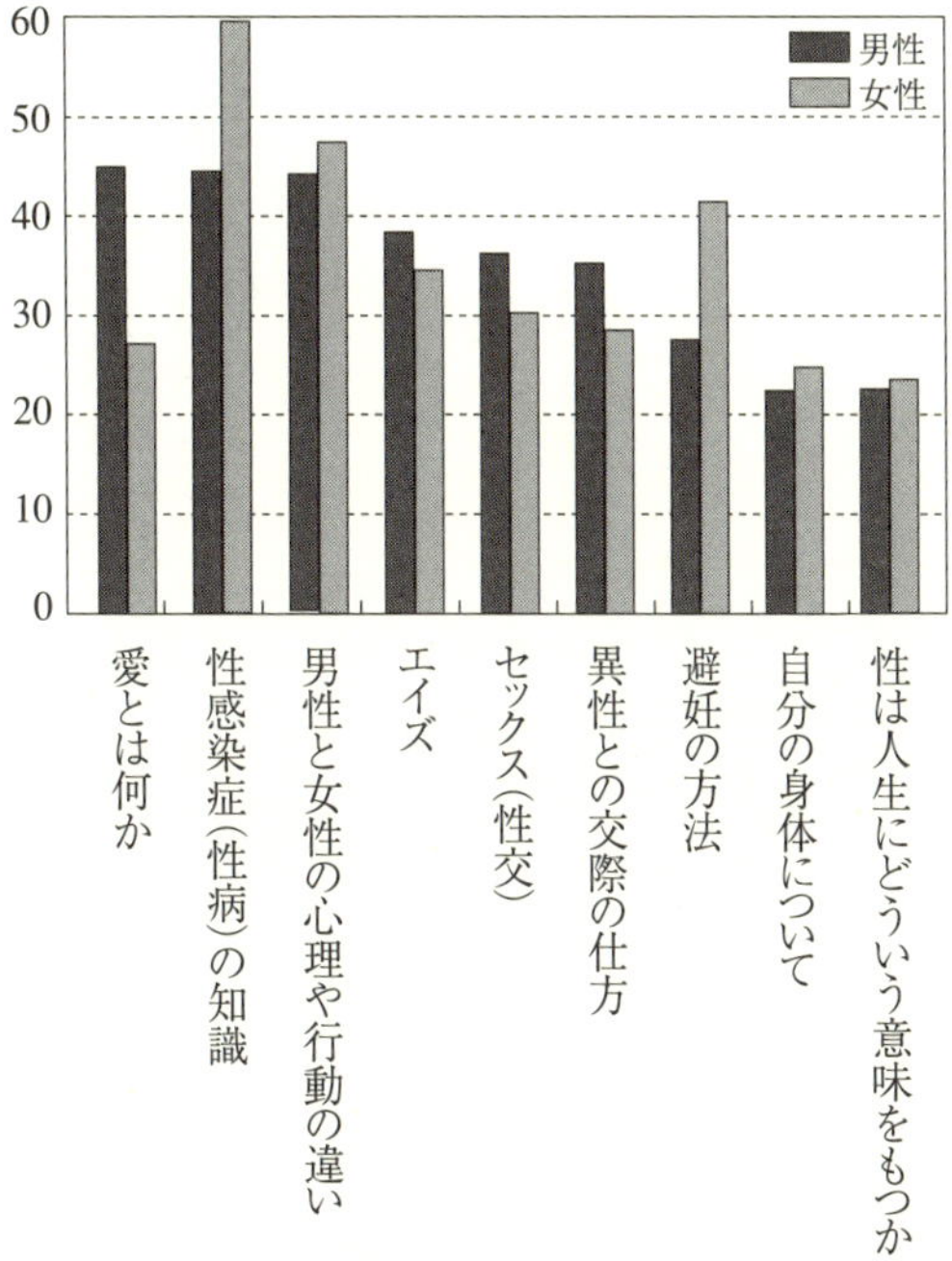

第5回・青少年の性行動全国調査(1999年)
出典)『若者の性白書』日本性教育協会編

専門医による学校相談活動計画

	2004(平成16)年度	2005(平成17)年度	2006(平成18)年度	2007(平成19)年度
精神科医による学校相談活動の実施	モデル地区での実施	モデル地区の拡大	広域的に事業展開	→
産婦人科医による学校相談活動の実施	検討委員会の設置	検討	モデル校での実施	→

http://www.kyoiku.metro.tokyo.jp/より

コラム①

知的障害のある人に性を伝えるための本『性　say　生』

『性　say　生』は知的障害のある人に性をわかりやすく伝えるために作られた本です。

　本の最初に「ここまで教えるのか？　と疑問に思われた方も多いのではないでしょうか」と書かれているように、性について詳しく、かつ具体的に説明されています。しかし、内容を十分理解するためには、支援者が内容を把握して伝えることも必要です。

「すてきな・からだ」「きもちいい・からだ」「すきになる・こころ」「ふれあう・からだ」「だきあう・からだ」などの章で構成され、イラストを多く使って視覚に訴えています。

　たとえば男の子のマスターベーションのところを見ると、イラストとともに「エッチなことをどんどん考えて、手をペニスの上下に動かします」「ペニスから精液が出たら射精の成功です」と書かれています。この文章一つにも表れているように、支援の姿勢をはっきり打ち出しているのがこの本の特長といえるでしょう。

　本はまた「わたしのからだは宝物」と、自己肯定感をもつことの大切さも教えています。「この世に生まれてきたからだはみんな宝物。私のからだも世界中でたったひとつの大切な宝物」。知的障害がある子どもたちだけでなく、子どもたちみんなに伝えたいことです。

『性　say　生』　全日本手をつなぐ育成会発行　七三五円

購入の申し込みはＦＡＸで。〇三‐三五七八‐六九三五

ホームページからも注文できます。

http://www1.odn.ne.jp/ikuseikai/

Q 4 性教育をするとセックスをあおることになるのでは？

思春期の子どもに性教育をすると、寝ている子を起こすことになりませんか？自然に興味がわくまでそっとしておいたほうがいいのでは？

性教育は「どうすれば子どもができるか」だけを教えているのではありません。思春期《ししゅんき》になって「性」を意識するようになるとき、基礎《きそ》になるのは自分を受け入れ（自己肯定感《じここうていかん》）、他者《たしゃ》を大切《たいせつ》に思う気持ちです。自分が親に愛されてこの世に存在《そんざい》することを、小さいときから積《つ》み重《かさ》ねて知ることが自分を肯定的《こうていてき》にとらえ、他の人を尊重《そんちょう》し、愛することにつながっていきます。この精神《せいしん》こそが性教育の基本です。

「性教育をして子どもが性の知識をもつと性行動《せいこうどう》が活発《かっぱつ》になる。だから積極的《せっきょくてき》な性教育は反対」ということは、ずっといわれ続けていることです。

しかし、最近の調査《ちょうさ》によれば高校三年生までに男子の三七％、女子の四五％が性交《せいこう》を経験《けいけん》しており、一〇代女性の妊娠中絶《にんしんちゅうぜつ》は年間四万五〇〇〇件あると報告《ほうこく》されています。若者の性行動は充分《じゅうぶん》に活発《かっぱつ》であるといえるでしょう。また、昔と違《ちが》って

人工妊娠中絶件数及び実施率の年次推移
（20歳未満）

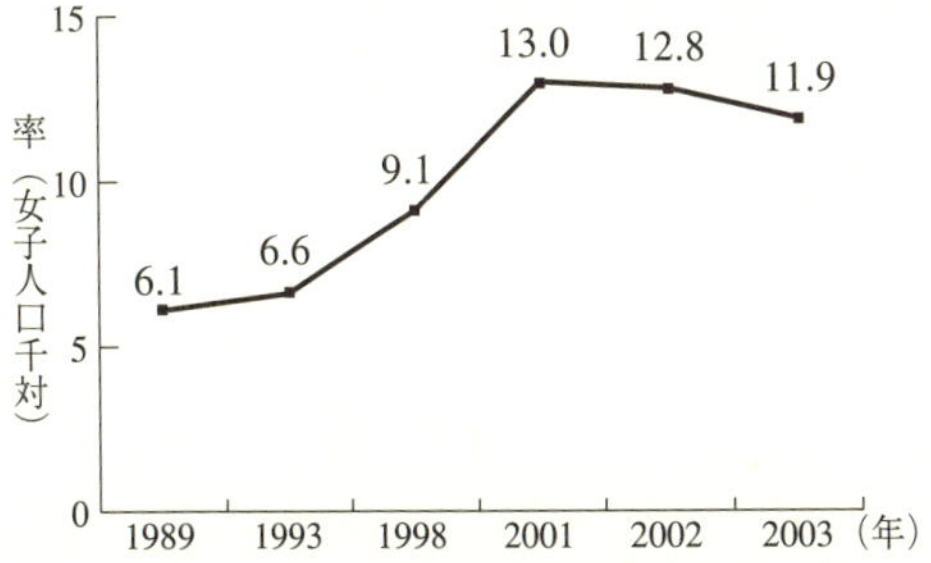

出典）厚生労働省「母体保護統計報告」平成15年より

社会には性に関する情報が氾濫《はんらん》していて、携帯電話《けいたいでんわ》を操作《そうさ》するだけであふれるばかりの情報《じょうほう》が手に入ります。このように、セックスにごく近い環境にいる思春期の子どもたちに科学的な性知識を伝えるのはむずかしいかもしれませんが、彼らのわかる言葉で納得《なっとく》できる内容を話すことができれば、感じることのできる性教育を実践《じっせん》できます。

私は子どもたちに性の話をしたあと感想《かんそう》を書いてもらうことが多いのですが、感想の一部をご紹介しましょう。

「みんながセックスを経験しているからあせっていたけど、同じでなくてもいいんだということがわかった」

「妊娠《にんしん》させてしまったらとても育《そだ》てることはできないから、きちんと避妊《ひにん》をしなければいけないと思った」

「セックスでうつる病気がこんなに身近《みじか》なものとは思わなかった。気をつけたい」

子どもたちが性について正しい知識《ちしき》を得ることは重要《じゅうよう》なことです。性教育を受けることは子どもたちの権利なのです。

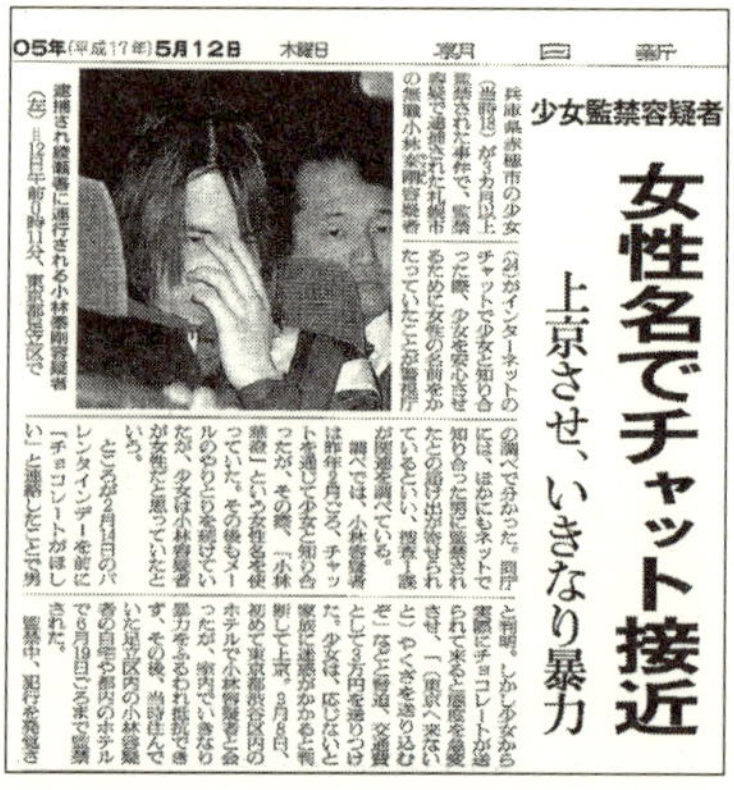
05年（平成17年）5月12日　木曜日　朝日新聞

少女監禁容疑者

女性名でチャット接近

上京させ、いきなり暴力

一八歳女性を携帯メールで呼び出し、監禁・暴行した事件
二〇〇五年五月十二日朝日新聞記事より

コラム②

七生養護学校をめぐる性教育バッシング問題

東京都立七生養護学校《ななおようごがっこう》は小学部から高等学部まである知的障《ちてきしょう》害児《がいじ》のための学校です。知的障害児施設からと家から通学する子どもが人数的には半々です。

知的なハンディをもっていますが、体の発育は同年代の子どもと変わりません。そのため、同年代の子ども以上に体の変化にとまどうことが多く、深刻《しんこく》な性被害にあったり、逆に加害者《かがいしゃ》になってしまったりする現実もあります。そんな中で自分の存在の大切さをわかってもらうために試行錯誤《しこうさくご》の中で積み上げられてきたのが「こころと体の学習」です。教職員が学校全体の取り組みとして話し合いを重ね、保護者の理解も得ながら進めてきたものです。肩やおへそと同様に自分の体の一部としてペニスや膣《ちつ》をとらえるための「からだうた」、男女の体の違いを教える性器のついた人形、排尿指導《はいにょうしどう》のためのペニスの模型《もけい》がついたタイツなどを使って、言葉や絵だけでは理解が充分でない子どもたちにもわかりやすいように工夫された内容でした。こうした授業は保護者や学校運営連絡協議会委員に公開《こうかい》され、研究会で報告されたりもして高い評価を得ていました。

ところが、二〇〇三年七月二日の都議会一般質問において、「世間の常識とかけ離れた性教育」と批判する質問が出されました。一部の新聞や週刊誌は、ふだんは洋服も下着もつけ、プライベートゾーンを大切にすることを教えている人形の性器の部分だけをむき出しにして強調し、「まるでアダルトショップのよう」と言う言葉とともに報道しました。性教育バッシングの波は他の養護学校にも激しく押し寄せました。東京弁護士会は、東京都教育委員会と石原都知事の措置が子どもたちの性教育を受ける権利や名誉《めいよ》を侵害《しんがい》し、親や教師の教育の自由を侵害したとして警告書《けいこくしょ》を送りました。保護者を初めとして多くの人たちからバッシングは不適切とのいう声が相次ぎ、人権救済《じんけんきゅうさい》の申し立てを行っています。

性教育バッシングを許さない人権救済申立ホームページ
http://www.sexuality2003.com

Q5 性的欲求は男性と女性ではずいぶん差があるようです。どうしてですか？

性的欲求はどうして起こるのですか？欲求の強さは人によって違いますか？女性に比べて男性のほうが強そうですが、なぜですか？

男性の場合は毎日休みなく精子《せいし》がつくられるので、それがたまるとセックスがしたくなるとか、精子がたまると体によくないので性的《せいてき》な欲求《よっきゅう》が起こるなどと、いわれたこともありました。しかし、これらは事実ではありません。精子はたまり続けるわけではなく、一部は夢精《むせい》として放出《ほうしゅつ》され、射精《しゃせい》されない精液《せいえき》は吸収《きゅうしゅう》されてしまいます。

性的欲求《せいてきよっきゅう》は心理的《しんりてき》な因子《いんし》とホルモン因子が大きく関わっているといわれています。このホルモンはテストステロンという男性ホルモンです。テストステロンは女性の血液《けつえき》にも含まれていますが、その量は男性に比べると一〇分の一以下です。テストステロンには性的欲求を高める作用《さよう》があるので、その差が男女差を生み出すといえます。

夢精

思春期になると精巣で精子が作られるようになります。夢精は眠っているときに射精してしまうことで、思春期に多い自然な現象です。性的な夢をみて勃起中枢が刺激されると、ペニスに伝わり勃起が起こります。その興奮が射精中枢へ伝わって射精につながります（射精のしくみは→Q11）。

しかし、性的欲求はお話したように心理的《しんりてき》な影響《えいきょう》も大きいのです。見たり、きいたり、あるいは感じたりしたことが脳《のう》を刺激《しげき》して、性的な欲求を高めるのです。また、個人差《こじんさ》も大です。女性の裸《はだか》の写真《しゃしん》を見ても男性みんながセックスをしたくなるわけではありません。ある人はセクシーと思うかもしれませんが、ある人はいやな感じを抱《いだ》くかもしれません。

これは女性についてもいえることで、女性だから性的な欲求がいつも弱いということはありません。人によって差があるし、ときと場合にもよるのです。

「相手はしたい、私はしたくない」というすれ違いはよく起こるようで、診察室《しんさつしつ》でもときどき相談されます。でも、あなたがセックスを望んでいないのなら、そのことをはっきり相手に伝えましょう。あなたのことが好きで、あなたのことを思っているのなら、がまんするはずです。高まった性欲を解放するためにマスターベーションをする、ヘビーペッティングをするなど方法もあるので、「ぼくはがまんできないから……」と迫るような人なら、今後のつきあい方を考えたほうがいいでしょう。

テストステロン
テストステロンは、男性ホルモン（アンドロゲン）の一種で、ひげを生やす、肩幅を広くする、筋肉を増やす、皮脂腺の分泌を活発にする、男性性器を発育させるなど、男の子の二次性徴を発現させます。

マスターベーション
自分で性器などを刺激して性的快感を得ること。

ヘビーペッティング
ペッティングのもともとの意味は動物をかわいがってなでること。セックスにおけるペッティングもそこからきていて、セクシャルな性愛表現としての性交以外の肉体接触を指します。ヘビーペッティングは乳房、性器への接触をいうことが多いようです。

Q 6 恋人も自分も、あまりセックスをしたいと思いません。セックスレスですか？

彼女とつき合って一年ほど。セックスは三、四回程度です。一緒にいれば楽しいのですが、問題でしょうか？　よくいわれているセックスレスでしょうか？

日本性科学会《にほんせいかがくかい》によるセックスレス・カップルの定義《ていぎ》は、「特別な事情《じじょう》が認められないにもかかわらず、カップルの合意《ごうい》した性交あるいはセクシュアルコンタクトが一カ月以上なく、その後も長期《ちょうき》にわたることが予想された場合」とされています。

朝日新聞が二〇〇一年に二〇代から五〇代までの既婚《きこん》の男女各五〇〇人に対して行った調査「夫婦の性一〇〇〇人に聞く」（メールでの回答）では、セックスの頻《ひん》度《ど》は表のような結果になっています。

三〇代でも一一％の人がセックスレスといえる状態です。二〇～三〇代の恋人のいる男女それぞれ一〇〇人ずつに行ったアンケートでも、数％から一〇％程度、あまりセックスをしないカップルがいる、ということがわかっています。これでは「セックスレス」になってしまいます。

日本性科学会

性科学の研究には基礎医学から精神医学、泌尿器科学、産婦人科学等の臨床医学、看護学、心理学、社会学、教育学等々の多くの領域からの研究成果を交流させ、重ねて、異なった職種の協力が必要になります。日本性科学会は〝性〟の科学的な基礎研究と臨床的研究を行う研究者の団体であり、同時にその成果を多くの人々に広め、個人個人の生活の質を深めるために設けられた研究機関です。

社会には好きならセックスをするのは当然《とうぜん》とか、二〇歳代なら週に何回セックスをするのが普通というような風潮《ふうちょう》がありますが、セックスにも個人差《こじんさ》があります。AさんとBさんの食欲《しょくよく》が同じでないように、性欲の度合いも異なるのです。セックスに対する欲求が低い人がいてもちっともおかしくはありません。

質問の人のようにカップルのお互いの欲求が低ければ、とくに問題はないでしょう。一緒にいて楽しい、そのことを大事にしてください。

パートナーとはいい感じで、以前は性的な欲求があったのに、最近になってセックスレスになっている場合は、まずは生活を見直《みなお》してみましょう。病気がある、薬を飲んでいる、仕事が忙しい、あるいはストレスが大きいことなどが原因になっていることがあります。そもそも人と関わるのがにがてでセックスをしなくなる人もいます。「相手に気をつかうより自分でマスターベーションしたほうが気楽《きらく》」ということもあるのです。

社会的な問題にもなっているセックスレスという現象《げんしょう》ですが、心理的な問題が潜《ひそ》んでいることも多いといえるでしょう。

セックスの頻度

数字は％

	20代	30代	40代	50代
この1年まったくない	2	11	20	33
年数回程度	9	15	16	13
合計	11	26	36	46

2001年朝日新聞アンケート調査より

---

http://www14.plala.or.jp/jsss/

勃起障害（ＥＤ）

勃起障害は、性行為のときに十分なペニスの硬さを得られない、あるいは維持できない状態をいいます。Erectile Dysfunction の頭文字をとってＥＤともいわれます。機能的な障害であることは少なく、八〇～九〇％は内科的なもの、あるいは精神疾患によるものです。アルコール、麻薬やコカインなどのドラッグ、向精神薬などが関係することも多いので注意すべきです。

プロブレムQ&A

II 男性の体と性器

Q 7 子どもから大人になるのに男の子の体はどう変わるのですか?

思春期の男の子の体はどんな仕組みになっているのですか? 性器が大きくなり、性欲が強くなるのはどうして? 女の子とはどう違うのですか?

子どもから大人へと移行していく期間《きかん》は思春期《ししゅんき》と呼ばれています。体の変化《へんか》はもちろんですが、精神的《せいしんてき》にも社会的《しゃかいてき》にも変化が大きいため、不安定《ふあんてい》な時期です。

思春期《ししゅんき》の男の子にもっともかかわりの深いホルモンは、テストステロンと呼ばれる男性ホルモンです。このホルモンの分泌《ぶんぴつ》が盛んになる影響《えいきょう》で、声が低くなり、ひげがはえて毛深《けぶか》くなります。また、骨《ほね》や筋肉《きんにく》もたくましく成長します。性器《せいき》の成長は最初に精巣《せいそう》が発達し、そのあとでペニスが大きくなり始めます。

男の子が女の子と大きく異なるのは性的《せいてき》な欲求《よっきゅう》が強くなることです。人間の性欲は男性ホルモンによって支配されているといわれていますが、その分泌量《ぶんぴつりょう》は年齢《ねんれい》によって大きな変化があり、一七~一八歳に急増します。思春期の男の子はホルモン分泌《ぶんぴつ》のピークにいるわけです。その影響で気持ちが不安定になることも多く、

横からみた男性の性器

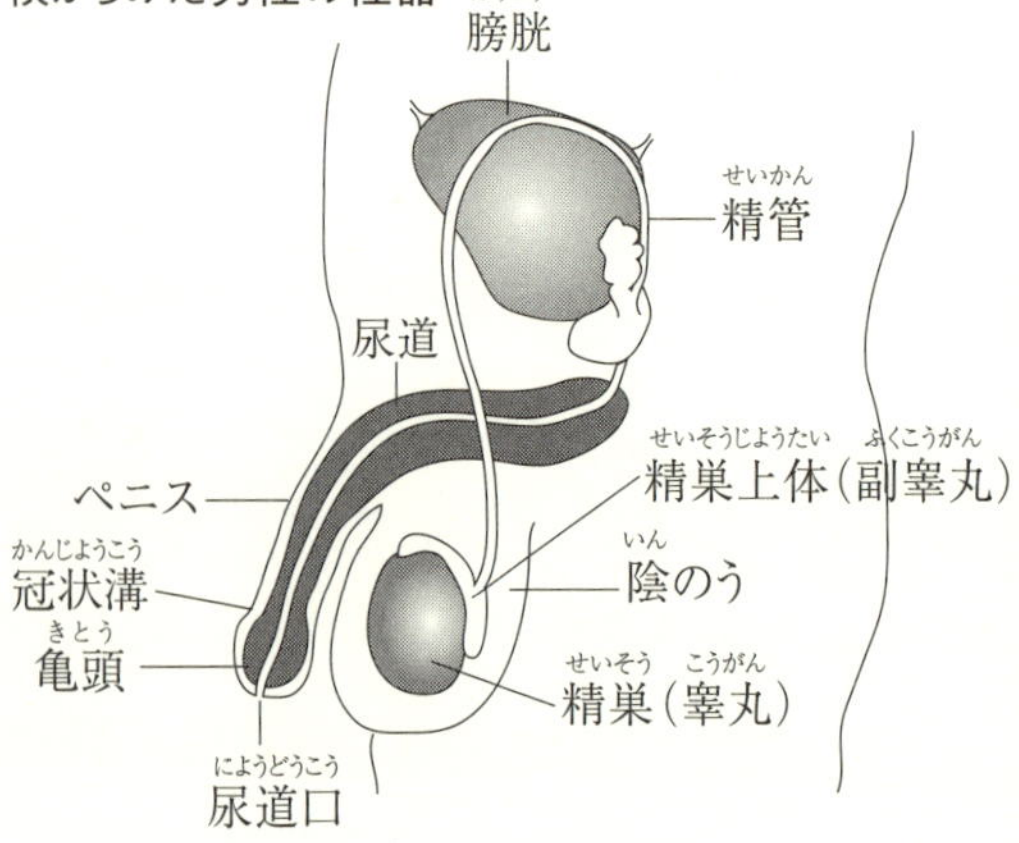

「男の子は扱いにくい」と親をなげかせますが、女の子でも不安なのは同じです。
男性ホルモンの影響で、精巣《せいそう》では精子《せいし》が活発につくられるようになります。精子は一度つくられるようになると、休みなくほぼ一生《いっしょう》つくり続けられます。精子がある程度の量になるとそのサインが脳に伝わって体外《たいがい》へ放出《ほうしゅつ》されます。これが射精《しゃせい》です。睡眠中《すいみんちゅう》（レム睡眠のとき）に快感《かいかん》を伴って射精《しゃせい》する夢精《むせい》や、マスターベーションによる射精です。男の子が体験する初めての射精を精通《せいつう》といいますが、中学生のころに多くの男の子が体験します。そして、射精は性的《せいてき》な快感《かいかん》に結びつきます。

ところで一〇代の男女のほとんどが「異性《いせい》と親しくなりたい」「触れてみたい」と思っています。差はあるでしょうが、平均的《へいきんてき》には女の子のほうは「寄《よ》り添《そ》っているだけで幸せ」とほんわかした愛を感じているのに対して、男の子のほうは「触れたい、抱きしめたい、セックスしたい」などともっと直接的です。

男子の大学生から「行為に移すかどうかは別にして、男には相手はだれでもいいから性欲を満たしたいという欲求がある」「ほんとに好きな子には手を出せないけど、そうでない子となら深く考えないでセックスができる」などと聞いたこともあります。そんな勝手《かって》なことは許してはいけないのですが、男性にはそういう気持

性器の成長と男性ホルモンの分泌量

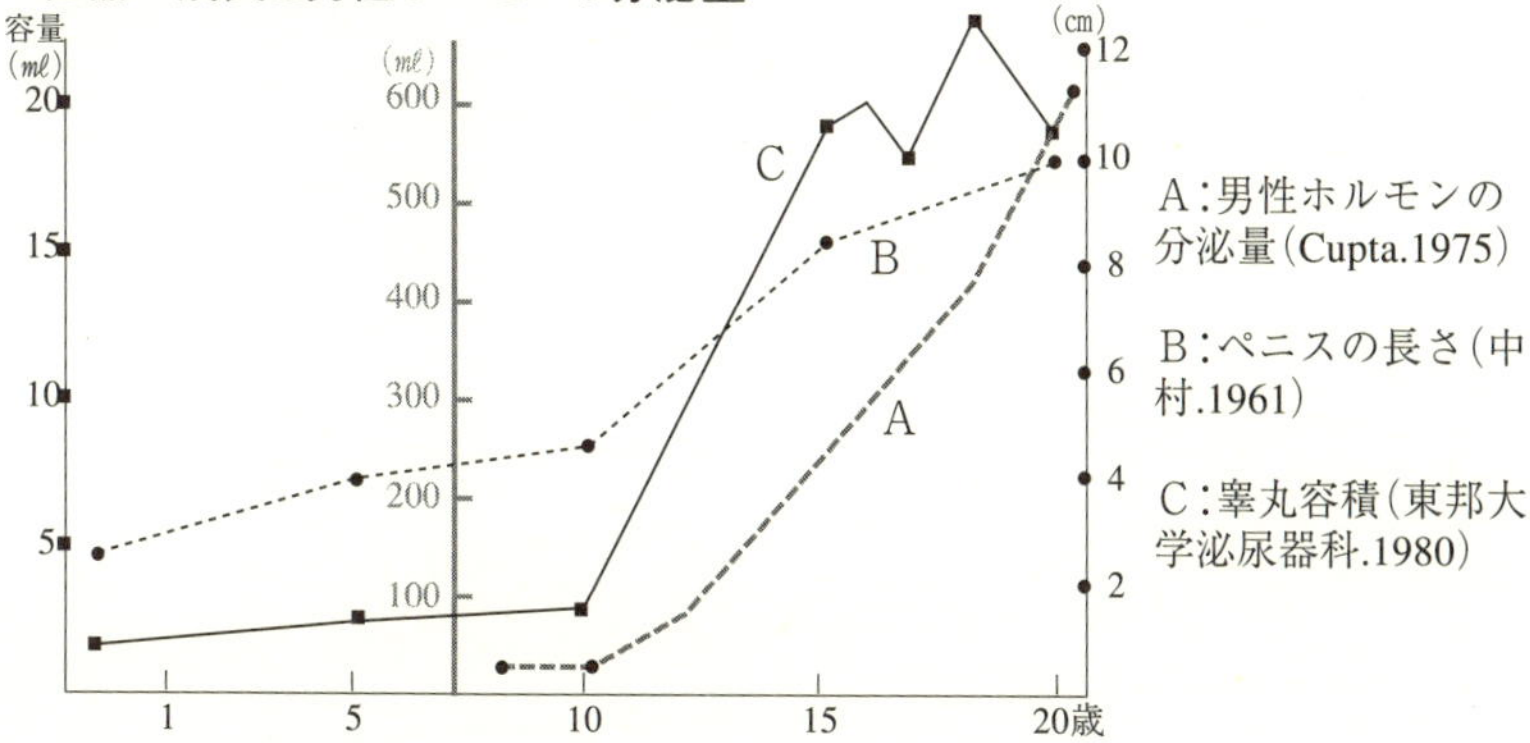

ちがあることを理解しておいたほうがいいでしょう。このことも性教育が必要な理由の一つです。

中には「自分は性的欲求が強すぎるのではないか」と悩む男の子も出てくるのですが、男性ホルモン分泌のピークの時期にいるのですから、性的欲求が強いのは当然といえます。それをどうコントロールするかを身につけるのが性教育の目的の一つです。人とのかかわりを大切にすることを学ぶことがその基本です。自分の欲望のままに動くことは人との関係を壊すことになります。その人の存在を無視する（否定する）ことになります。相手を認め、大切にしようというモチベーション（動機）を高めるのが性教育です。

しかし、それで性欲がなくなるわけではありません。そんなとき、性欲をコントロールする方法の一つとしてマスターベーションがあります。これについては、Q12を参照してください。

『男の子のからだとこころQ&A』（メグ・ヒックリング著、三輪妙子訳／築地書館刊）

Q8 朝起きたとき、ペニスが勃起していることがあります。心配ないですか？

朝起きたときや緊張したときにもペニスが大きくなっていることがあります。エッチなことを考えていなくても勃起するのですか？

朝、目が覚《さ》めた時にペニスが勃起《ぼっき》している状態は、専門的には「夜間陰茎勃起《やかんいんけいぼっき》（NPT=nocturnal penile tumescence）」と呼ばれます。夜中におしっこがたまって勃起中枢《ちゅうすう》を刺激《しげき》し、目が覚めたときにペニスが勃起していると考えられたこともありましたが、起床時《きしょうじ》のペニスの勃起は睡眠《すいみん》のメカニズムと深い関係があることがわかってきました。

睡眠にはレム睡眠（浅い眠り）とノンレム睡眠（深い眠り）があり、普通の睡眠ではノンレム睡眠が一・五〜二時間続いたあとにレム睡眠が一〇〜三〇分くらい続き、ひと晩にこれを三〜四回繰り返します。無意識《むいしき》の勃起はレム睡眠のときに起こります。目が覚めるときは、たいがい浅い眠りのレム睡眠のときなので、勃起していることになるのです。なんとなくはずかしいし、ばつも悪いのですが、完全に目

レム睡眠・ノンレム睡眠

レムとは急速眼球運動（Rapid Eyeball Movement）の略字です。

が覚めるとおさまるし、排尿《はいにょう》をすると元通《もとどお》りになりますから、まったく心配はいりません。

ペニスはじょうぶな白膜《はくまく》に包まれた海綿体《かいめんたい》という組織でできています。ふだんは柔らかいのですが、ペニスへの刺激が脊髄《せきずい》の勃起中枢に伝わると、海綿体の中央を走っている動脈《どうみゃく》に反射的《はんしゃてき》に血液がどっと流れ込んで膨張《ぼうちょう》し、大きく硬くなるのです。とりわけ思春期の男の子は性的に興奮《こうふん》しやすく、自分の意志とは別に、瞬間的《しゅんかんてき》に勃起するのです。また、大脳《だいのう》がエロティックな刺激を受けても勃起中枢は反応します。性的な想像をしたとき、雑誌《ざっし》やビデオを見たりしたとき、また、女性と座って話をしているときや髪が肩に触れただけで勃起してしまう、なんてことも起こります。

あるいはまったく性的なことと関係ないときにも起こることがあります。たとえば、緊張《きんちょう》したりあせったり、自転車の振動《しんどう》を体に受けたりしたときにも勃起してしまうことがあるのです。なぜ起こるのかはまだわかっていませんが、反射運動《はんしゃうんどう》ということはわかっているので、後ろめたく思ったり、はずかしく思ったりする必要はありません。上手《じょうず》にやり過ごしましょう。ペニスの反射運動は小さい子どものときから起こって思春期に多くなりますが、年齢とともに少なくなっていきます。

ペニスのしくみ

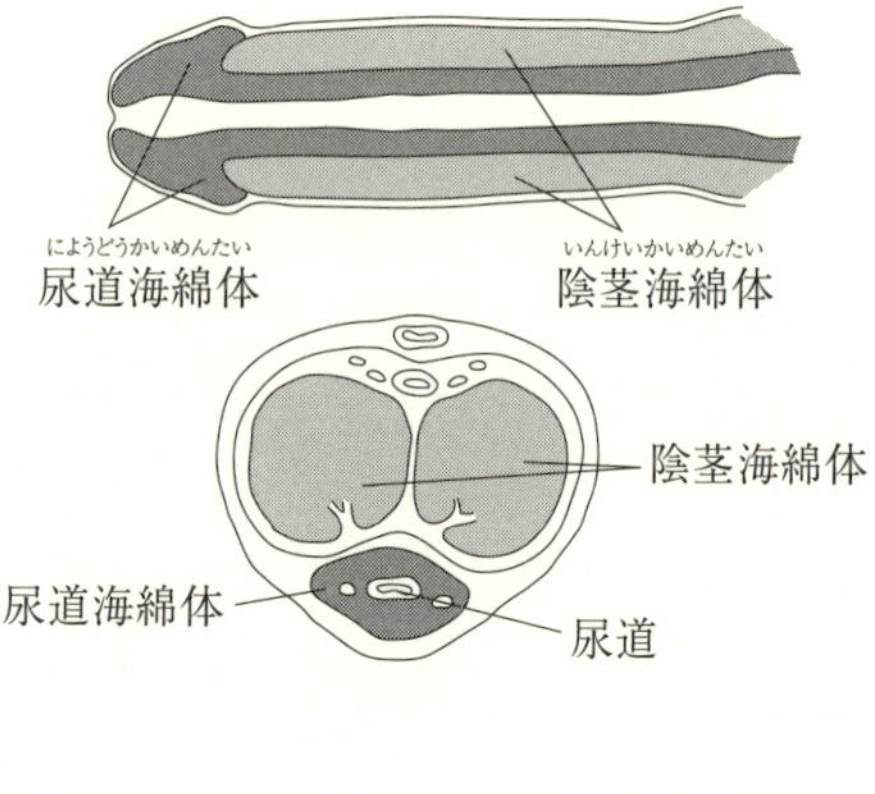

ところで、女性の卵巣《らんそう》は体の中にあるのに男性の精巣《せいそう》はなぜ体の外側にあるのでしょうか。これは精子が熱に弱いためです。精子をつくったり保存したりするのに適した温度は体温より二〜三度低いくらいがいいのです。体の中では温度が高すぎるため、外に出ているというわけです。精子の保存場所《ほぞんばしょ》である精巣を包んでいる陰《いん》のうは、暑いと伸びて熱を放出し、寒いと縮んで熱を逃がさないようにします。ぶつかると飛び上がるほど痛いようにできているのも、大切な場所だからでしょう。

下着がきつかったりむれたりすると、ペニスの先に軽い炎症を起こしてかゆくなることがあります。お風呂やシャワーできれいに洗って清潔にするようにしましょう。下着はピッチリしすぎないものがおすすめです。

性中枢の図

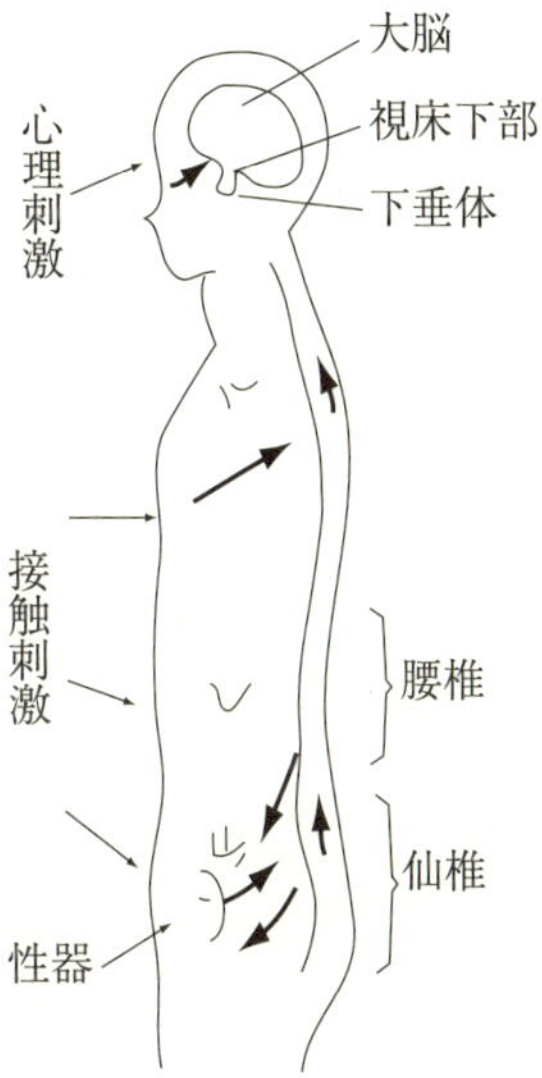

出典）朝山新一著『性教育』

Q9 ペニスが小さくて悩んでいます。どうにかできませんか？

ペニスの大きさは人によってかなり違うのですか？　雑誌やビデオで見るよりずっと小さいぼくのペニス。ちゃんと性交ができるでしょうか？

婦人科の診察室には男性はあまり来ないのですが、思春期外来《ししゅんきがいらい》や泌尿器科《ひにょうきか》の医師によると、若い男性の性器《せいき》の悩みで多いのはペニスのサイズと包茎《ほうけい》だそうです。女の子もバストの大小で悩む人は多いので、男女ともに思春期は悩み多い時代といえますね。

ペニスの大きさは、バストの大きさと同じでいろいろです。だから専門家からみるとほとんど気にしなくてもいい程度の問題なのですが、「大きいほうが男らしい」とか、「大きいほうが女性に喜ばれる」とかの偏見《へんけん》があるらしく、相談することもできないので、ますます悩みが深くなってしまうようです。

精巣《せいそう》やペニスは九～一〇歳頃から大きくなり始めます。そして、一五～一六歳ころには八〇％以上が精通《せいつう》を経験しています。一七、一八歳くらいまでの性的に発

思春期外来
学問的には、第二次性徴の出現から性機能がほぼ成熟するまでの期間を思春期と呼びます。年齢的には八～九歳から一七～一八歳までの期間をさしますが、その始まりや終わりは個人差があります。思春期外来は、思春期の体や心の成長過程に起こるいろいろな悩みの相談に乗ったり、異常や病気に対処したりする診療科のことです。

育する時期を思春期と呼ぶのですが、あなたのペニスはまだ成長の最中かもしれません。

ペニスの役割《やくわり》は①尿を体外に放出すること、②女性の体の中に精子を届けることの二つです。ですから、そのために必要なペニスの長さは、勃起したときに四～五センチあればいいのです。安心しましたか。

雑誌やビデオはペニスが大きいほうが男らしいとする偏見から、それを強調《きょうちょう》して、おもしろく刺激的《しげきてき》につくられる傾向があって基準になりません。勃起していないときのペニスは長いのや短いの、太いのや細いの、といろいろあります。あるデータでは長さは四・三センチ～一三・八センチ、太さは五・六～一二・八センチと報告されています。でも、勃起するとだいたい同じ大きさになるのです。日本人の場合は平均が一二～一三センチくらいです。

「ペニスの色が黒っぽい」と悩む人もいます。これも心配なし。肌の色と一緒で黒い人もいれば白っぽい人もいます。とくに、精巣を包んでいる陰《いん》のうは体の他の部分より黒っぽいのが普通です。

泌尿器科
尿は腎臓で産生され、尿管や膀胱、尿道を通って体外に排出されます。これらの臓器の病気を受け持つのが泌尿器科です。このほか、男性性器に関する異常や病気も泌尿器科の担当です。

精通
男の子が性的に成熟していく過程で生まれて初めて射精を経験すること。女の子の初経（初潮）に相当します。

Q10 包茎は病気ですか？　病院へ行かないと治せないでしょうか？

包茎の人が多いと聞きますが、どんな状態が問題なのでしょうか？　自分で治すことはむずかしいのでしょうか？　病院へ行かないとだめですか？

包茎《ほうけい》はペニスの先の亀頭《きとう》と呼ばれる部分が、皮膚（包皮《ほうひ》）で覆《おお》われた状態をいいます。子どものときはペニスより包皮が長く、亀頭は包皮に守られています。思春期になってペニスが成長して大きくなるに従って包皮が後退して亀頭が見えるようになります。中には包皮が長いために亀頭が隠れている人もいますが、手で引き下げれば簡単に包皮がむけて亀頭が完全に見える人がほとんどです。これは仮性包茎《かせいほうけい》といってまったく心配ありません。

若者向けの男性雑誌《だんせいざつし》には包茎の手術を勧《すす》める美容整形《びようせいけい》などの広告がたくさん掲《けい》載《さい》されていて惑《まど》わされますが、泌尿器科《ひにょうきか》専門の岩室紳也《いわむろしんや》医師は、「私の外来に来た患者さんには、どんなきつい包茎でも九九・九九％手術はしません」と話しています。岩室さんは性教育《せいきょういく》や性感染症《せいかんせんしょう》の予防教育《よぼうきょういく》に熱心な医師ですが、包茎については

「普段どんなに包皮がかぶっていても手でむければかまわないのです」といいます。
頻度《ひんど》はごくまれですが、包皮の口が狭いために亀頭を完全に露出《ろしゅつ》させることができない真性包茎《しんせいほうけい》があります。ペニスの発育が妨げられたり、セックスがしにくかったりするので、場合によっては手術が必要になる場合もあります。手術は日帰りでできるもので、保険も適応されます。

仮性包茎は機能的《きのうてき》には問題はありませんが、気をつけてほしいのは衛生管理《えいせいかんり》、つまりペニスのケアです。亀頭と包皮の間には尿《にょう》や分泌物《ぶんぴつぶつ》がたまりやすいので、そのままにしておくと細菌感染のために炎症《えんしょう》を起こしやすく、不快《ふかい》なにおいを発散させることになります。炎症がひどくなると、包皮がはれて痛くなることがあります。また、軽い炎症では包皮と亀頭の軽い癒着を起こすことがありますが、少しずつむいて洗うことではがすことができます。顔を洗ったり、歯を磨いたりするのと同様に、おふろに入るときやシャワーを浴びるときは包皮をむいて、きれいに洗う習慣《しゅうかん》をつけてください。子どものころから「顔を洗うのと同じように洗うもの」と教わっていると、こういった問題は起きにくいのですが……。

ペニスの亀頭と包皮

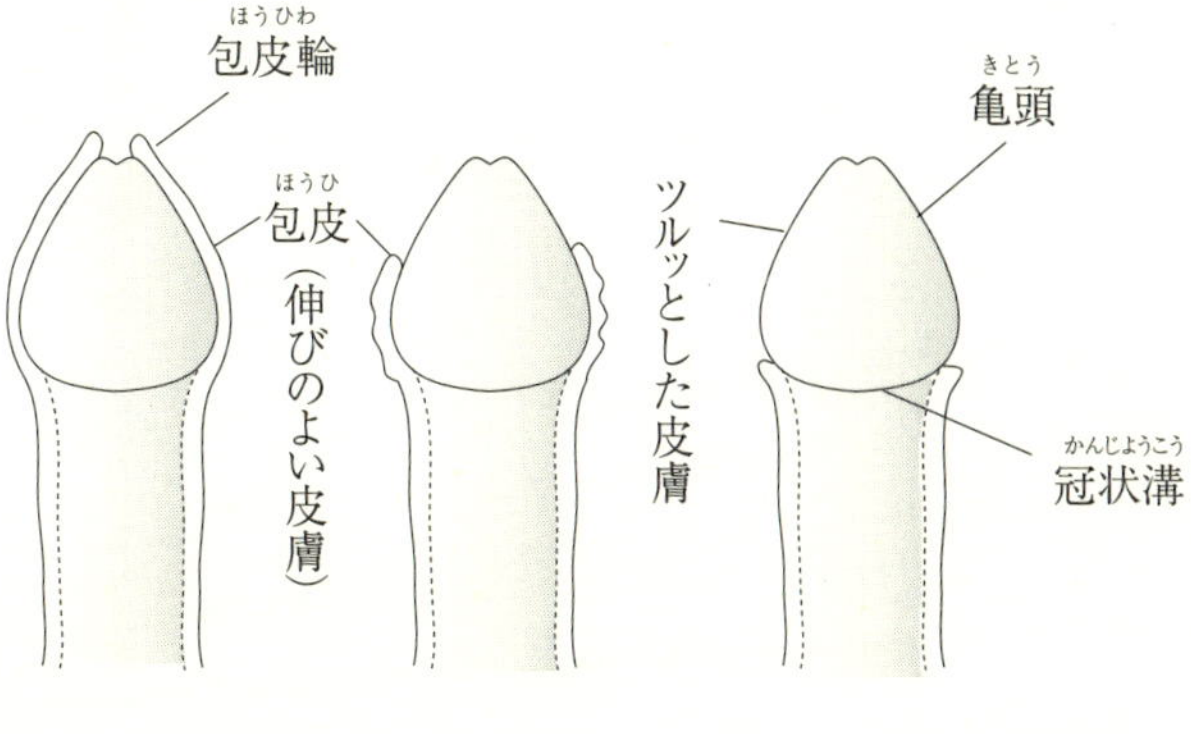

Q11 セックスの時、すぐに射精してしまいました。早漏ですか？ 治りますか？

初めてのセックス。頭が真っ白になりすぐに射精してしまいました。緊張したにしても早すぎて心配です。そのうち治るのでしょうか？

性的《せいてき》な刺激《しげき》に慣《な》れていなくて、しかも初めてのセックス、そういう状況ならよくあることです。心配することはないでしょう。

医学的には挿入《そうにゅう》して三〇秒以内に射精《しゃせい》してしまう場合を早漏《そうろう》と呼んでいます。

女性がオーガズムを感じる前に射精してしまう場合も早漏とすることがあります。

ペニスが膣《ちつ》の壁でこすられることによって亀頭やその周りが刺激されて興奮《こうふん》が高まり、精管膨大部《せいかんぼうだいぶ》、精のう腺《せん》、前立腺《ぜんりつせん》の収縮《しゅうしゅく》により分泌物（精液《せいえき》）が尿道前立腺部《にょうどうぜんりつせんぶ》に入ると射精をとめることはできません。続いて起こる尿道やペニスの基部《きぶ》を包む筋肉（球海綿体筋《きゅうかいめんたいきん》、坐骨海綿体筋《ざこつかいめんたいきん》など）のリズミカルな収縮で射精に至るのです。

経験を重ねるうちに射精までの時間も長くなってくるのですが、異常と思われ

オーガズム

マスターベーションやセックスの結果に感じる性的快感、絶頂感。男性の場合は、射精時の筋肉の収縮とともに全身の筋肉の緊張が高まって下腹部を中心に開放されるような感じが起こり、全身の力が抜けるような疲労脱力感へ続きます。

るときは自分でできる訓練もあります。マスターベーションで、ペニスを刺激して射精したくなったら刺激をとめてがまんをします。おさまったらまたペニスを刺激。これを何度か繰り返してから射精をします。この方法は医学的にも確立した治療法です。

逆に、妊娠を心配してセックスをしている場合など射精ができない、ということもあるようです。機能的《きのうてき》に問題があることは多くはないので、まずは気になることをなくして（避妊をきちんとするなど）、リラックスできれば大丈夫なのですが、それでも射精できないときは泌尿器科を受診してください。

ペニス挿入後、射精までの時間が極端に長いとき（一〇～三〇分）は遅漏《ちろう》（遅発射《ちはつしゃ》精《せい》）と呼ばれます。加齢《かれい》、アルコール摂取《せっしゅ》後、鎮静作用《ちんつうさよう》の強い向精神薬《こうせいしんやく》使用時、不安神経症《ふあんしんけいしょう》、うつ病などの場合などにみられます。

ところで、尿《にょう》も精液《せいえき》も同じ尿道《にょうどう》を通って放出《ほうしゅつ》されます。「一緒に出ることはないの？」と思ってしまいますが、射精のときは膀胱《ぼうこう》に通じる内尿道口部《ないにょうどうこうぶ》の括約筋《かつやくきん》の収縮によって閉じられ、ちゃんと使い分けられているのです。人間の体はよくできていますね。

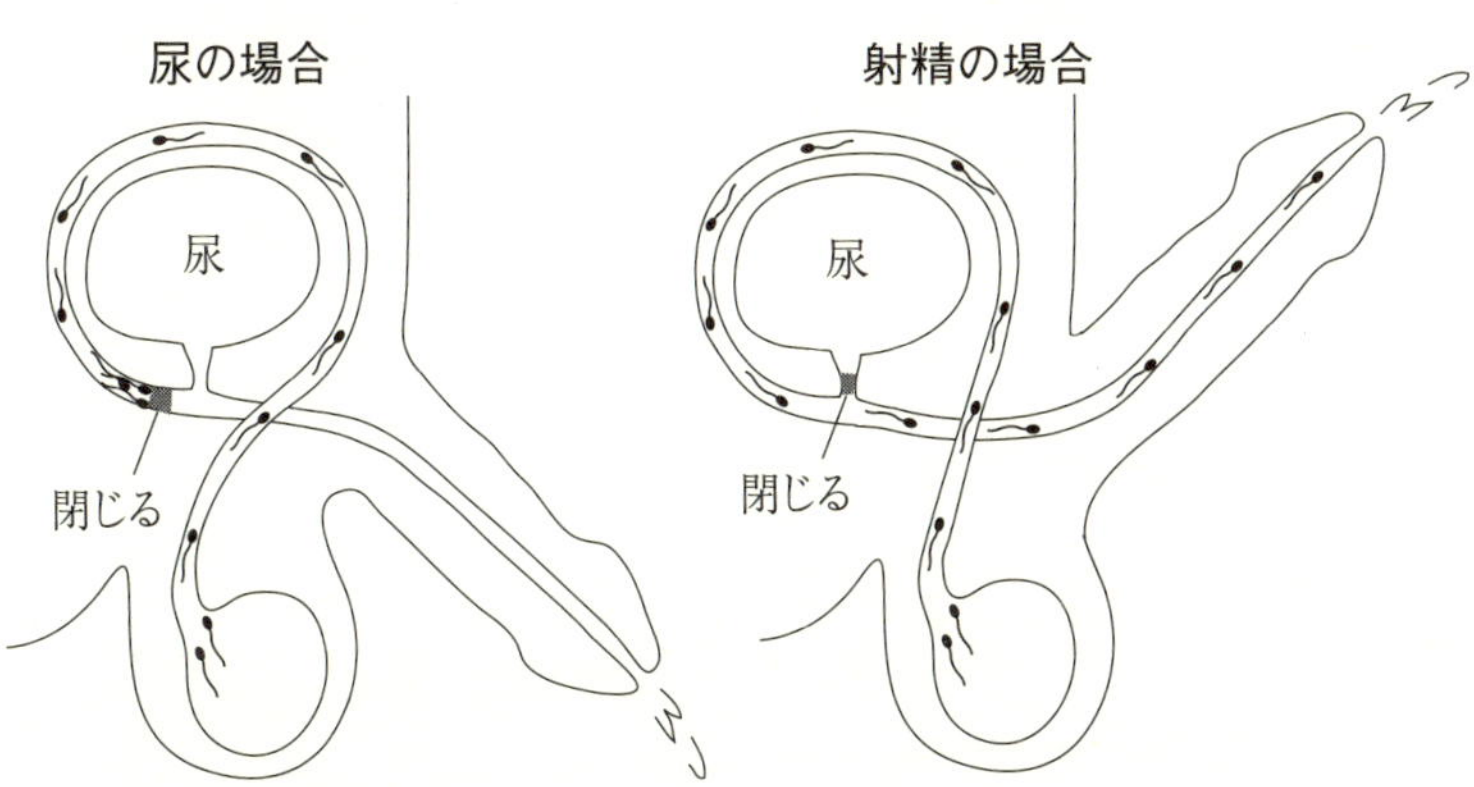

Q12 すぐにマスターベーションをしてしまいます。害がありますか?

勉強していても音楽を聴いていても、マスターベーションをしたい衝動に負けてしまいます。ぼくは異常でしょうか?やりすぎるのはよくないのですか?

昔は「マスターベーションをすると頭が悪くなる」などといわれました。生殖《せいしょく》と関係のない射精は悪《あく》という考え方やマスターベーションはしてはいけないこととされた時代もありました。マスターベーションで得られるオーガズムの強い満足感《まんぞくかん》とその後の軽い疲労感《ひろうかん》や脱力感《だつりょくかん》などが体に悪いと思われたのでしょう。でも、男性にとっても女性にとっても、性的な欲求はごく自然なことです。体は自分のものですから、体のどこをさわってもかまわないのです。毎日でも、一日に何回か繰り返ししても、疲れるでしょうがそのほかの問題は特にはありません。

「朝までに、何回やれるかマスターベーション」という標語を作った産婦人科医の片桐清一さんは、標語を使ったわかりやすい性教育を実践しています。片桐さんは「マスターベーションはきわめて自然な生理現象です。若い男性が一日に四～五

日々つくられている精子

精子は精巣(睾丸)の中で毎日大量につくられています。一回の射精による精液は二～五㎖で、含まれる精子の数は億単位。二～三億個もの精子が放出されています。女性の腟の中は酸性のため、受精するまでは危険がいっぱい。そのため、排卵前に増加する子宮頚管からの分泌物(女性側)や前立腺、精のう腺、カウパー腺などの分泌物(男性側)で酸を中和し、加えてたくさんの精子の数で対応しているのです。続けて

過去1年間にマスターベーションをした人の比率

■男性

年令	16～19	～29	～39	～49	～59	～69
%	85	89	83	58	47	30
調査数	53	135	190	217	230	192

■女性

年令	16～19	～29	～39	～49	～59	～69
%	18	36	36	28	15	12
調査数	45	155	213	223	225	221

NHKによる調査（1999年）

回射精をしても体にとっては全《まった》く無害です」と話しています。

セックスは二人の気持ちが一致し、二人で行うときに最高の気分を味わうことができます。単に自分の性欲解放《せいよくかいほう》のために他人の体を利用することは相手の人格を無視することです。性欲解消のためだけならばマスターベーションのほうが健全《けんぜん》といえるでしょう。

男性の性欲は、「興奮→勃起→射精→満足」と女性に比べると単純です。しかも男性の性欲は衝動的《しょうどうてき》なところがありますから、性的な欲求が高まったときには、マスターベーションでその緊張を解きほぐし、性欲をコントロールすることは大切なことです。

こういうと、逆に「私はマスターベーションをしたいと思わないけれど、変でしょうか」

何回も射精をすると精液に含まれる精子の数は少なくなっていきます。しかし避妊をしなくてもいいほど少なくはないので、油断は禁物です。精子は射精をせずにたまってもなんの害もありません。放出されなかった精子は分解され、血液中に吸収されます。

という質問が出るかもしれません。それも変ではありません。一人一人、体も心もそれぞれ違います。性に関する感じ方も「自分らしさ」があっていいのです。

一九九九年に実施されたＮＨＫの調査では、過去一年間にマスターベーションをした人の比率《ひりつ》は前頁の表のようになっています。

男性では一六歳から三〇代まで八〇％以上の人がマスターベーションを体験しています。しかし一方で、男の子の電話相談の三大テーマは相変わらず「包茎、ペニスの大きさや形状、マスターベーション」についてです。マスターベーションについては「やってもいいのですか」「一日に何回までならしてもいいのですか」という質問が多く、男性の悩みの中に置き去りにされていることがわかります。

精子のイラスト

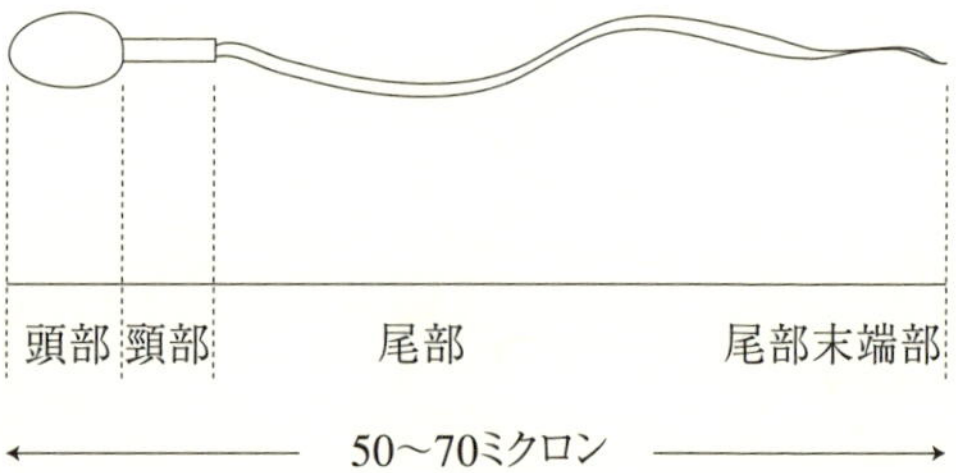

Q13 男性に性器などのトラブルがあるとき、どこを受診すればいいのですか？

女性には婦人科がありますが、男性がペニスに痛みを感じたり、ペニスがいつもとちょっと違う感じだったりしたときは、どこを受診すればいいのですか？

性感染症《せいかんせんしょう》の心配があったり、ペニスに違和感《いわかん》があったり、あるいは「包茎ではないか」と悩んでいたりしたときに相談できるのは泌尿器科《ひにょうきか》です。といっても、泌尿器科ならどこでもいいというわけではありませんから、本やインターネットで情報を集め、前もって電話で確認するなどしてから受診を決めましょう。

前述した泌尿器科医の岩室紳也さんはホームページをもち、性器のトラブルなどさまざまな情報を提供《ていきょう》しながら、相談も行っています。たとえば次のような相談にわかりやすく答えています。

Q　普段《ふだん》から亀頭《きとう》が包皮《ほうひ》を被っていて毎日洗っていても悪臭《あくしゅう》がしてもう嫌です。どうすればいいですか？

岩室伸也さんのホームページ
http://homepage2.nifty.com/iwamuro/

Q　オチンチンの皮を剥《む》いて中を触《さわ》ると痛いのですが、みんなそうなのですか？

Q　仮性包茎《かせいほうけい》の人がゴムを着けるとき、すごく痛いんですよね。つける時も外す時も痛いです。

Q　勃起《ぼっき》しても皮が剥けないのですがどうしたらいいですか？

Q　普段は剥いていないといけないのですか？

ホームページに回答がありますが、ここでも簡単に触れておきましょう。

最初のQの悪臭や痛みについてですが、痛みは本人にしかわからないので回答がむずかしいのですが、亀頭の部分は敏感《びんかん》なので、触るのに慣れていないと不快感《ふかいかん》があったり、痛みを感じたりします。けれど、慣れると痛みはなくなりますから、むいて洗って清潔にしてください。また、仮性包茎の人がむいた状態でぴっちりした下着をつけると、亀頭が刺激されて痛く感じることがあります。皮をかぶせておくといいでしょう。

コンドームの着脱《ちゃくだつ》のときに仮性包茎だから痛いということはありません。これも慣れの問題でしょう。いつまでたっても痛みがとれないときは泌尿器科で相談することもできますが、そんなことはめったにないと思います。

亀頭にかぶさっている皮を少しずつ剥《む》くことを繰り返していると、包皮の口が

街で見かける病院の看板

男の子の診察

女の子にとって婦人科は訪ねにくいところですが、男の子にとっての泌尿器科はそれ以上ではないでしょうか。何を聞かれるのか、どんな診察をされるのか、などと考えると恥

徐々《じょじょ》に広がって剥《む》けるようになります。心配しなくても大部分の人はそうなります。しかし、まれにはどうしても皮が剥《む》けない真性包茎の人もいますので、そのときは泌尿器科を受診してください。

四つ目の質問ですが、普段は剥《む》いておく必要はなく、包皮はかぶせておいていいのです。尿で汚れやすいところですから、清潔にしておくことを忘れずに。岩室さんいわく「剥《む》いて洗ってまたもどす」が基本です。

どうですか。同じような悩みを持っている人は多いでしょうから、ここで問題解決！ という場合もありそうです。

性感染症が心配なときは、泌尿器科ではなく性病科《せいびょうか》を受診するという方法もあります。

思春期外来《ししゅんきがいらい》を訪れるのはほとんどが若い女の子ですが、最近はカップルで受診して避妊や性感染症のことを相談する、というケースが増えています。なにかあったらすぐに相談できるかかりつけの婦人科や泌尿器科があれば、本当に心強いと思います。

ずかしいし、不安が大きいでしょう。婦人科の診察については、Q34で触れています。男の子の診察については詳しく書かれた本を紹介しておきましょう。メグ・ヒックリング著『メグさんの性教育読本』です。本の中に「診察室では、どんなことが待ち受けているのでしょう」という章があり、診察について具体的に説明されています。

『メグさんの性教育読本』（メグ・ヒックリング著、三輪妙子訳／ビデオ・ドック刊）

プロブレムQ&A

Ⅲ 女性の体と性器

Q14 子どもから大人になるのに女の子の体はどう変わるのですか？

胸が大きくなったり、月経が始まったり、思春期の女の子の体はどういう仕組みになっているのですか？　大人の体に成長するというのはどういうことですか？

女の子は七、八歳になると体にセットされていた性に関係する時計（これを体内時計といいます）が動き出し、大脳《だいのう》の中の視床下部《ししょうかぶ》と下垂体《かすいたい》は連動して性腺刺激《せいせんしげき》ホルモンを分泌し、これにより卵巣《らんそう》から女性ホルモンや少量の男性ホルモンが分泌されるようになります。

女性ホルモンは女の子の体の全身に働きかけ、乳房《にゅうぼう》を大きくしたり、皮下脂肪《ひかしぼう》を蓄《たくわ》えて体をふっくらさせたり、子宮《しきゅう》や骨盤《こつばん》の発育をうながしたりして、女の子の体を大人の体へ近づけます。

乳房の発達は七歳頃から、外性器から下腹部にかけて密にはえる性毛《せいもう》の発達は少し遅れて八歳頃からみられます。自覚《じかく》はできないのですが、体の中では卵巣や子宮《しきゅう》も発育を始めます。

乳房の大きさ

乳房が大きいか小さいかは、思春期の女の子にとっては大問題ですが、どんな形、どれくらいの大きさになるのかは乳腺の間にある脂肪組織の量や基礎になる筋肉にも左右されます。環境や栄養も影響しますが、多くは遺伝によって決まっています。顔や体が一人一人違うように、乳房もそれぞれ個性があるのです。

女性の体に大きな影響を及ぼす女性ホルモンは、卵巣から分泌される卵胞《らんぽう》ホルモン（エストロゲン）と黄体《おうたい》ホルモン（プロゲステロン）です（女性に関係が深いホルモンですから名前を覚えてください）。卵胞ホルモンは卵胞《らんほう》という組織から分泌され、黄体ホルモンは黄体《おうたい》という組織から分泌されます。この二つのホルモンはバランスをとり合って、大人の体に成長させたり、妊娠《にんしん》・出産《しゅっさん》のための体をつくったりします。カルシウムが骨から溶け出すのを防ぐ、コレステロールが血管にたまるのを予防するなど、病気の予防にも一役かっています。肌をしっとり、髪をつやつやに保つためにも女性ホルモンはなくてはならないものです。女性ホルモンは女性の体を守り、元気を与えているのです。

そして、ある程度ホルモンの量が増えると月経《げっけい》が始まります。月経は「周期的《しゅうきてき》に繰り返され、限られた日数で自然に止まる子宮内膜《しきゅうないまく》からの出血」と定義できます。子宮内膜は子宮の内側の部分です。壁紙《かべがみ》といえばわかりやすいでしょうか。この内膜が周期的に変化し、その結果、月経が起こるのです。

初めての月経は初経《しょけい》と呼ばれますが、日本の女の子は平均的には一二〜一三歳頃に初経を迎え、一五歳ではほぼ一〇〇％の人に初経がみられます。

性毛

外性器から下腹部にかけて密にはえる毛。陰毛、恥毛という言い方もありますが、マイナスイメージを少しでも和らげようと、性教育では性毛を使っています。

月経の呼び方

「月経」は消化や呼吸と同様に人間の体の生理的な機能を指す言葉です。そのためでしょうか、あるいは何となく恥ずかしくて口に出せないという伝統があるのでしょうか、日常的には「生理」といわれることが多いのですが、生理はあくまでも一般的な名称でニックネームみたいなものです。学校でも、月経と教わっています。正確な「月経」を使ってほしい、という願いもこめて、この本では月経を使っています。

Q15 どうして毎月一回決まって月経があるのですか？ 出血は何のため？

月経ははっきりいってめんどうです。このごろは毎月定期的にありますが、一年に二、三回でいいのにと思ったりします。どうして女性だけがあるのですか？

月経は妊娠を目的とした機能です。Q14で触れたように、子宮内膜《しきゅうないまく》が通常一カ月の周期で変化し、その結果として月経が起こります。

卵子《らんし》と精子《せいし》が出会って受精《じゅせい》すると、受精卵は子宮内膜にもぐり込みます。これが着床《ちゃくしょう》といって、妊娠のはじまりです。子宮内膜は受精卵《じゅせいらん》を育てるために、粘液という栄養を含《ふく》み、ふわふわなベッドのように厚くなっています。この準備は、大脳《だいのう》の視床下部《ししょうかぶ》と下垂体《かすいたい》、そして卵巣から分泌されるホルモンのみごとな連係《れんけい》プレーで行われます。

しかし、卵巣から出た卵子が受精しなかったときは、厚くなった子宮内膜は不要なものになり、役割を失ってはがれ落ちます。このはがれた内膜に粘液と血液が混ざって体外に排出されるものが月経です。出血《しゅっけつ》と呼びますが血液だけではないの

脳の図

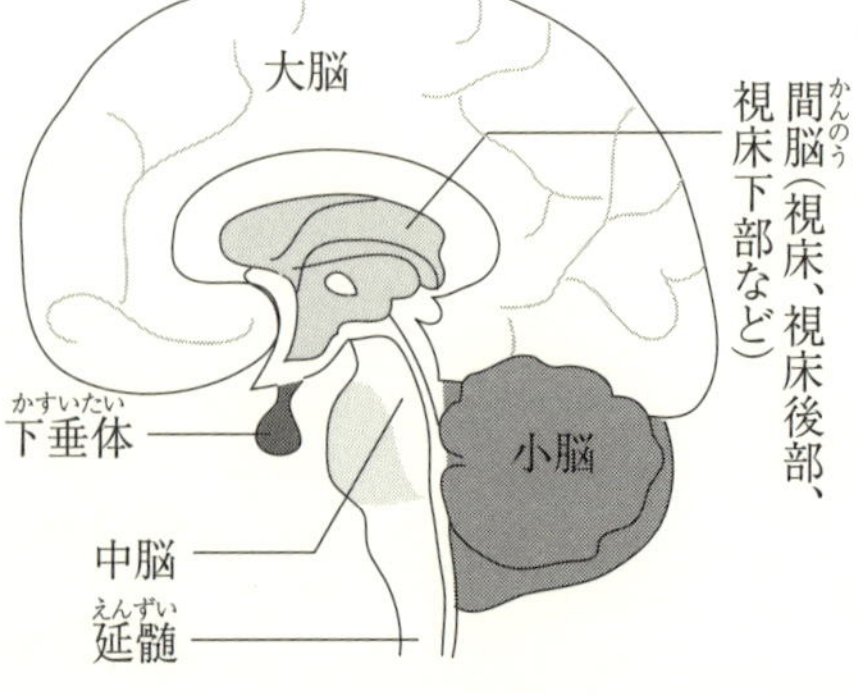

です。血液に比べて色がくすんでみえるのはそのためです。月経はめんどうなものかもしれませんが、体の中ではこんなドラマが毎月行われています。

月経はまた、妊娠しなかった、という証拠にもなります。「ちゃんと避妊をせずにセックスをしたので、出血があったときは本当にうれしかった」という経験をもつ人もいるでしょう。

月経が始まったばかりの頃は排卵《はいらん》の周期が定まらず、月経も不順《ふじゅん》なことが多いのですが、だんだんに規則正しくなり一カ月に一度くらいの周期で起こるようになります。平均的には一〜二年で規則正しくなるようですが、長い人では四、五年かかることもあります。月経周期がいつまでも安定しない場合、中には治療を必要とすることもあるので、放置せず婦人科に相談してください。

排卵と受精のしくみ

卵子は女性の卵巣《らんそう》の中にあります。精子が日々作られるのに対して卵子は生まれたときに女の子の卵巣の中にすでに三〇〜五〇万個存在しています。卵子は鉛筆の芯を紙に当てたときに描かれる点ぐらいの大きさで、一つずつ卵胞に包まれてい

月経に関する定義（日本産婦人科学会）

月経周期

月経周期日数：月経開始日より起算して、次回月経開始前日までの日数をいう。正常範囲は周期日数が25〜38日の間にあり、その変動が6日以内である。
頻発月経：月経周期が短縮し、24日以内に発来した月経をいう。
稀発月経：月経周期が延長し、39日以上で発来した月経をいう。
不整周期：上記の正常周期に当てはまらない月経周期をいう。

月経持続日数および量

月経持続日数の正常範囲は3〜7日である。
過短月経：出血日数が2日以内のものをいう。
過長月経：出血日数が8日以上続くものをいう。
過多月経：経血量が異常に多いものをいう（通俗的にはナプキンが一時間ももたない、トイレで流れるように出るような状態）。
過短月経：経血量が異常に少ないものをいう。

ます。数個の卵胞が性腺刺激《せいせんしげき》ホルモンの影響を受けて、大きくなりますがほぼ二週間の間にそのうちの一個だけが成熟《せいじゅく》し、だいたい一カ月に一回、その成熟した卵胞から卵子が通常は一個だけ飛び出します。これが排卵です。

飛び出した卵子は、卵管の卵管采《らんかんさい》という手のひらを広げたような形になっている部分でキャッチされ、ゆっくり卵管を通って子宮へたどり着きます。排卵した卵子は二四時間受精能力を持続しますが、受精しないと吸収《きゅうしゅう》されます。

一方の精子は、前述したとおり日々新たにつくられます。性交によって女性の膣で射精された精液の中には一回で二〜三億もの精子が含まれています。精子は〇・〇五㎜の大きさで一〇分間に三〜四センチしか進めませんが、卵子を目指してひたすら泳ぎます。膣のなかは酸性なので死んでしまう精子も多く、アルカリ性の経管粘液《けいかんねんえき》の中に入った精子が子宮の中に入ります。子宮から卵管に入り、ここで精子が卵子と行き合うと、卵子を取り巻く多数の精子が酵素《こうそ》を分泌して卵子を包む膜を溶かします。最初に卵子の表面に達した一個の精子が、卵の中に進入するとすぐに卵子の表面に変化が起こって、他の精子は進入できなくなります。これが受精です。生物としての性交《せいこう》はそもそも子孫をつくるためのものなのですから、自然のままなら妊娠するようにとてもたくみにできています。

排卵時の卵子の数

排卵は、通常一個の成熟した卵胞から一個の卵子が飛び出ます、ときに稀なことですが二個の卵胞から二個の卵子が飛び出すこともあります。これは双生児のできる原因の一つです。

卵子を目指して進む精子

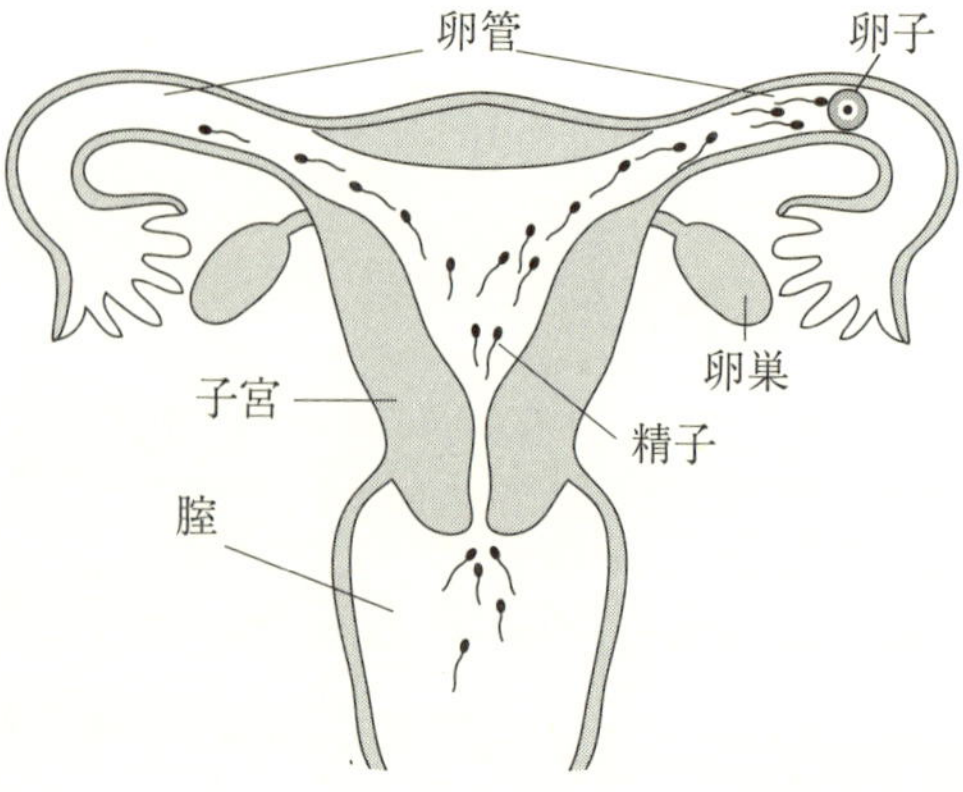

Q16 月経のときの痛みを改善するいい方法はないですか？

少しの痛みはがまんできるけれど、ときには寝こんでしまうこともあります。月経の前はなぜかイライラしてしまうという友だちもいます。

月経が順調《じゅんちょう》になってくると排卵もきちんと起こるようになり、それとともに月《げっ》経痛《けいつう》を訴える人が増えてきます。イライラしたり眠くなったりする人もいます。

思春期に多い月経痛は子宮に病気があるというより、ホルモンの分泌や子宮の反応がまだ未熟《みじゅく》なために起こることが多いのです。月経血《げっけいけつ》は子宮が収縮《しゅうしゅく》することによって押し出されるのですが、出産を経験していない人の子宮の出口はマッチ棒も通らないくらい硬《かた》くて狭いうえに、初経からしばらくの間はホルモンがまだ充分働いていないので月経血がどろりとしていて通りにくいのです。もう少し成熟して排卵するようになると今度は子宮を収縮させるプロスタグランディンというホルモンが分泌されるのですが、未熟なために調節がきかず、過剰分泌《かじょうぶんぴつ》されるのではないかと考えられます。これが下腹部や腰などの痛みの一因《いちいん》になるのです。

プロスタグランディン
プロスタグランディンは、体の機能をいろいろな場所でコントロールしているホルモンで、わかっているだけでもいろいろな機能に関係しています。出産、流産、月経のトラブルにも関係しています。

この痛みは市販されている鎮痛剤《ちんつうざい》などで軽減《けいげん》することができます。体質などによって薬が飲めない人の場合はしかたがありませんが、正しく使えば薬はけっしてこわいものではありません。たいていの薬の成分は体内に蓄積《ちくせき》されるわけではなく、排出されるものです。

「痛みをがまんするのが精一杯で一日なにもできない」ということは避けましょう。ひどくつらいときは薬を早めに服用《ふくよう》して、できるだけ気持ちよく過ごしてほしいと思います。予測できる月経痛の場合は痛みがひどくなってからではなく、「危ないかな」と思ったときに早めに薬を飲むのがポイントです。ただし、鎮痛剤を増やしても効かないほどの強い痛みのときは、子宮や卵巣になにか病気があるのかもしれないので、婦人科の医師に相談してください。

月経開始の一〇日から数日前くらいに始まり、月経が始まると軽くなったり消えてしまったりする全身的な症状のことを月経前症候群《げっけいぜんしょうこうぐん》（ＰＭＳ）といいます。イライラする、落ち着かない、憂《ゆう》うつになるなどの精神的なものと、乳房が痛くなったり張ったり、むくんだり、体重が増えたり、一日眠かったりなどの身体的な症状の両方があります。軽いものから重いものまで程度はさまざまですが、女性の半数にみられる、といわれるほどポピュラーなものです。ちょっとした気分転換で解消

鎮痛剤

痛みを除いたり、改善したりする薬。市販の鎮痛剤の効き目はゆるやかですが、副作用は少ないといえます。一方、病院の鎮痛剤は個人の症状に合わせて処方されるので改善効果が大きいのが特長です。

月経前症候群（ＰＭＳ）

ＰＭＳはPremenstrual Syndromの略。

できる人も多いのですが、日常生活に支障《ししょう》が出るくらいひどい人もいます。病気だと思っていないため、あるいは周囲の対応が悪いため、イライラを助長させているといったケースも少なくありません。

ＰＭＳに上手に対応するためのポイントをあげてみましょう。

① さまざまな症状と月経の関係に気がつかない人が多いので、メモをつけてみて、月経との関係を知る。

② 食生活に変化が見られる。やたらにチョコレートや甘いものを食べたくなったり、コーヒーをやたらに飲むようになったりする。塩辛い漬物を食べる傾向もあり、全体に食事や間食の量が増える。

③ ①や②に気づいたら、生活全体を見直す。チョコレート、コーヒー、塩分、食事量などを減らすだけで改善することがある。

④ＰＭＳとわかったら、その時期はなるべく仕事などで無理をしなくてすむように生活のリズムを調整する。

などです。また、

・ 鎮痛剤を飲んでも痛みが治まらない

・以前に比べて痛みが強くなっている
・痛みが何日も続く
という場合は迷わず婦人科を受診してみてください。つらいことをがまんすることはないのです。医師は専門家ですから、つらい思いは必ず軽減できます。

Q17 ダイエットをしたら月経が止まってしまいました。関係があるのですか？

ダイエットをしたら月経が止まりました。月経がないのは楽でいいのですが、なんとなく心配。放っておかないほうがいいでしょうか？

それまで順調にあった月経が三カ月以上止まることを続発性無月経《ぞくはつせいむげっけい》と呼びます。続発性無月経の原因は脳の視床下部《ししょうかぶ》や下垂体《かすいたい》に問題がある場合と、子宮や卵巣に問題がある場合の二通りが考えられますが、最近増加しているのは急激な体重の減少によって脳にある中枢《ちゅうすう》（視床下部）のコントロールが乱れて無月経になるパターンです。

私の診察室には、ダイエットのために無月経になった女性がたくさん来ます。最近の傾向として感じるのは、やせ願望や過剰なダイエットが低年齢化しているということです。受診したいちばん若い患者さんは小学校六年生でした。

一般的には二～三カ月で元の体重の一五～二〇％以上体重が減ると月経がなくなってしまうといわれています。

原発性無月経

同じ無月経でも、月経を起こす機構のどこかに病的な問題があって、一八歳以上になっても月経が始まらない場合は原発性無月経です。

無月経

それまであった月経が六〇日以上ないこと。過度の体重減少、ストレスなどのほか、激しい運動が原因で起こることもあります。マラソンのランナーではトレーニングの量が多いほど無月経の率が高いことがわかっています。

ダイエットで月経がなくなったという場合も、単純な体重減少による無月経と拒食《きょしょく》や過食《かしょく》などの摂食障害《せっしょくしょうがい》を伴う無月経があります。私はこの二つを区別して考えています。

やせていて月経がないことは同じですが、摂食障害の場合は拒食や過食の食行動《しょくこうどう》の異常があり、本人も家族も病気だと思っていないことが特徴です。周囲の人が見ると「そんなにやせて」と思われるような状態でも本人には危機感《ききかん》がなく、むしろ「もっとやせなくては」と思っていたりします。「こんなにやせて月経もなくなって大変」ということで診察に来た女の子は、どちらかというと単純な体重減少のことが多いですね。

無月経の程度がひどくなると体全体の調子が悪くなり、将来赤ちゃんをほしいときに不妊《ふにん》になってしまうという危険性は同じですが、摂食障害の場合はメンタルな治療が重要になってきます。しかし、単に体重減少による無月経だと思っていたら、背後に心理的な葛藤《かっとう》が潜《ひそ》んでいて摂食障害があったという例があるなど、その判別は簡単ではありません。

治療のためには、まず体重減少について、いつから、どれくらいのあいだに何キロやせたか、今はどんな食べ方をしているか、ダイエットを始めた動機は？な

摂食障害

なんらかの原因で食べられなくなる拒食症、逆に食欲のコントロールができずに食べ過ぎてしまう過食症を総称して摂食障害と呼びます。極端な拒食・過食（繰り返す人が多い）は極度の体重減少、無月経を引き起こします。

標準体重

・身長150cm以下	単位kg
身長－100	
・身長150～160cm	
50＋（身長－150）×0.4	
・身長160cm以上	
（身長－100）×0.9	

1）30kg以下は、生命に危険あり。
2）標準体重の85％にもどると、体力の回復・月経再開が見られる。90％以上が望ましい。

どを尋ねて、原因を考え、改善のためのアドバイスをします。

　無月経については体重の回復状況《かいふくじょうきょう》をみながら女性ホルモンを投与して月経を再開させる治療を行います。でも、薬で月経が起きたからといって本当に回復したわけではありません。薬をやめたときに卵巣がきちんと働いてホルモンを出し、月経が戻って初めて治ったといえます。

　排卵が自力で起きて月経が再開されるまでには一年、二年、三年という年単位の長い時間がかかるのが普通です。無月経の期間が長いほど、脳の中枢や卵巣が、わかりやすい言葉でいえばさびついてしまうのです。その結果、妊娠・出産にも影響をあたえてしまいます。また、骨粗鬆症《こつそしょうしょう》を招《まね》くなど健康にも大きな影響があります。無月経を四年以上放っておくと半数しか治らないという数字もあるくらいです。中には「月経がなくてラクチン」などと気楽に考えている女性もいますが、「自分の体をもっと大切に考えて」といいたいですね。

　素早い対応をするためには、三カ月以上の無月経を放置しないことが大事。摂食障害を早く見つけて早く治療をするという意味でも月経の管理は重要です。

骨粗鬆症
　骨量（骨の硬さを維持するカルシウム）が減少して骨がスカスカになってもろくなり、骨折しやすい状態をいいます。人間の骨は三〇～四〇歳を過ぎると年齢とともに骨量が減っていきます。特に女性の場合は閉経期に入って卵胞ホルモンが減少すると骨量が減少します。高齢者に多い病気ですが、最近は偏った食事が原因で若い人にもみられます。

Q18 性器の形が正常か異常かどうやって調べればいいですか？

性器の形が人と違うような気がします。人と比べられないし、聞くこともできないのでなおさら心配です。色も気になっています。調べる方法はありますか？

男の子のペニスはいやでも目に入るので、小さいとか短いとか、形が変だとかで悩みが尽きません。女の子の性器《せいき》は見えにくいのですが、やっぱり「なんだかおかしい、人と違うみたい」と思って悩みます。どちらも簡単に相談ができなくて悩みが深くなってしまいます。

「なんだか変」と思うのは、性器のことをよくわかっていないというのも大きな原因でしょう。性器は他の器官《きかん》と同じで大事な体の一部です。一人一人みんな顔かたちが異なるように、性器の形も人それぞれです。まず、そのことを理解してください。

女性の性器にはおなかの中にある内性器《ないせいき》と、外側にある外性器《がいせいき》があります。内性器の中心にあるのは子宮《しきゅう》です。赤ちゃんはここで育ちます。妊娠していないときの子宮の大きさはレモンや鶏卵《けいらん》くらいです。子宮の左右に一つずつある卵巣《らんそう》はウズラの卵大で、そこには卵子が保存されています。子宮の上部に羽を広げたように左右に伸びているのが卵管《らんかん》です。子宮の下側の管は膣《ちつ》で外に通じています。

外性器は外側の性毛の生えているふっくりふくらんだ部分が大陰唇《だいいんしん》、その内側の薄いひっぱれば伸びるひだひだが小陰唇《しょういんしん》、小陰唇を左右に開くと膣口《ちつこう》（膣の入り口）があり、膣口のまわりには処女膜《しょじょまく》とよばれるひだがあります。左右の小陰唇が前方で出会ったところにある小さい突起《とっき》はクリトリスで、女性性器の中でいちばん敏感《びんかん》なところです。

膣口をはさんで尿道口《にょうどうこう》と肛門《こうもん》があります。肛門と膣口の間を会陰といいます。膣口は普段は閉じていて、内部を清潔に保っています。

子どものころの女性性器は小さく、外からは小さな割れ目が見えるだけですが、思春期になると性ホルモンの影響によって、乳房などと同様に成長します。

それに伴って「大陰唇（小陰唇）の形がおかしい」「左右の大きさが違う」などの悩みが出てくるようですが、ほとんどは心配のいらないものばかりです。

「本にはピンクって書いてあったのに私の性器は色が黒っぽい」と相談にきた女の子がいましたが、肌の色と一緒で日本人は性器も褐色系《かっしょくけい》が多いのです。また、中

女性の内性器

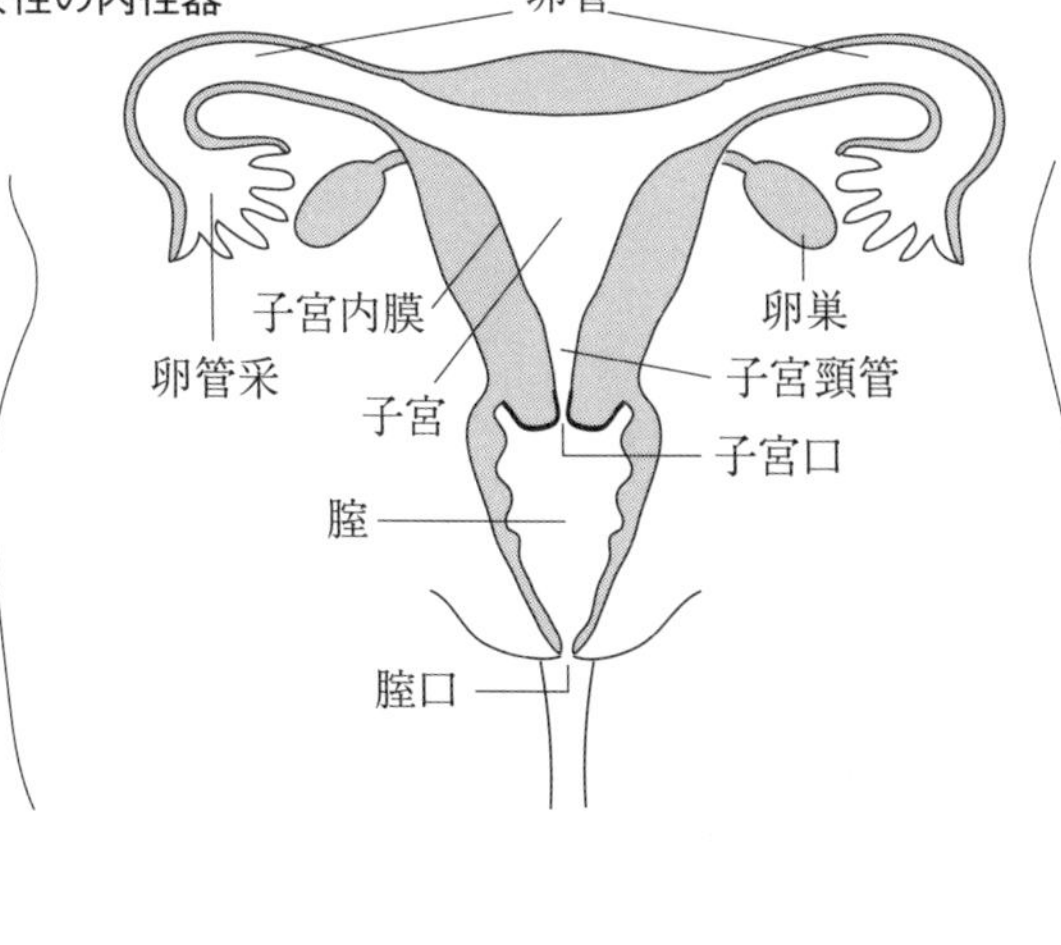

卵管

鉛筆くらいの太さで長さは一〇センチ程。中心は鉛筆の芯くらい細く、子宮腔と腹腔内につながります。

には男性から「おかしい」といわれて診断に訪れる女性もいますが、一体なにを基準に判断しているのでしょうか。セックスをして色が変化するということもありません。

どうしても気になるなら婦人科で診てもらうという方法がありますが、これまでの長い経験から、性器に問題があった女性はごくまれにしかいない、と付け加えておきます。

手鏡を使って、自分の股間を探検してみましょう。大事な自分の体、上の口に対して、下の口とでもいうところですから知らない方がおかしいのです。口の中をのぞいて歯茎が腫れているのを知ることができるように、普段から様子を理解しておかないと、どこがどう変化したのか気づくのはむずかしいでしょう。

女性外性器

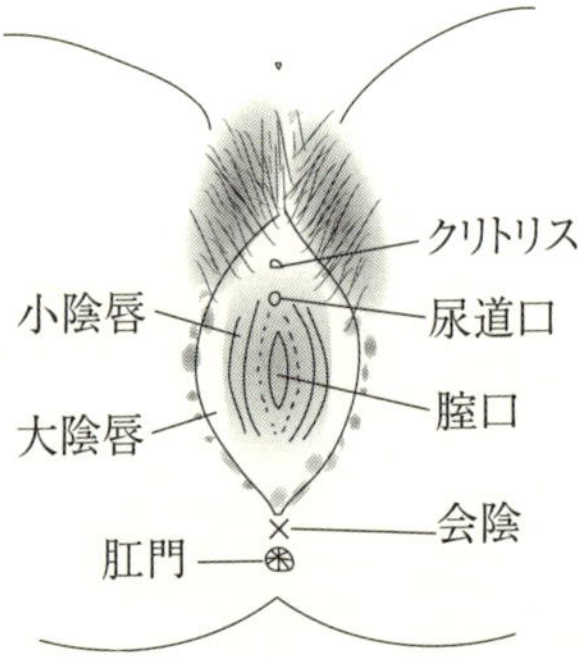

Q19 性体験は一人ですが、オーガズムを感じたことがなく、心配です

パートナーとのセックスはまだ数回ですが、「気持ちがいい」と感じたことはありません。おかしいのでしょうか？　不安になります。

最近は、男性ばかりでなく女性対象の刺激的《しげきてき》な本や雑誌も多く、セックスをすれば必ず性的快感《せいてきかいかん》（オーガズム）を感じるもののように表現してあります。でも、実際にはオーガズムの感じ方は男性と女性で大きく違っています。男性がオーガズムを感じるのは射精《しゃせい》の瞬間にあり、だれでも同じです。これに対して、女性の場合はずっと多様で、オーガズムを感じるパターンはさまざまである、といわれています。人によって違うし、経験によっても変わります。下段のイラストのA、B、Cは代表的なパターンです。

この質問だけですとパートナーとの関係がどの程度のものなのかわかりませんが、見つめあったり、キスしたりしたとき、うっとりしあわせな気持ちになりますか。ピピッと体がしびれたようになりますか。女性の場合はとくに、気持ちのふれ

女性と男性のセックスパターン

一回のセックスで男性のオーガズムがたいてい一回なのに対し、女性は人によって違ったり、経験によって異なったりします。次頁の図のABCはよくあるパターンです。A―なんどもオーガズムを感じる、B―一回だけ感じる、C―興奮はするけれどオーガズムに至らない。

あいなしにオーガズムを感じるのはむずかしい、と私は思っています。

相手のことが本当に好きなら、一緒にいたい、ふれあいたい、セックスしたいと思うのは自然の感情です。乳房、首筋《くびすじ》など性器以外のいろいろなところでも快感は得られます。気持ちが高まってくると、膣口が粘液《ねんえき》で潤《うるお》ってきて相手を受け入れやすいように体のほうも準備を始めます。こうして心と体の両方の準備が充分にととのって、初めて感じるセックスにつながるのです。

「みんなが経験していることだから、私もしてみよう」くらいの気持ちでは、「それほどでも」というのも当然かもしれません。「痛くて苦痛《くつう》だった」という経験をもつ人は、心も体も準備が足りなかった結果といえます。人によっては、子どもを生んだあとで初めてオーガズムを感じたという人もいます。

そんなにあせらなくていいのです。まずはお互いによく理解し合って、相手を思いやる心を育てましょう。「女は心も体も複雑《ふくざつ》なのだ」を頭に置いて、男性は女性とつきあってほしいと思います。

そして、セックスの目的は性器と性器の結合《けつごう》だけではないことを忘れないでください。タッチングで満足、ということも女性には少なくないのですから……。

男性と女性のオーガズム

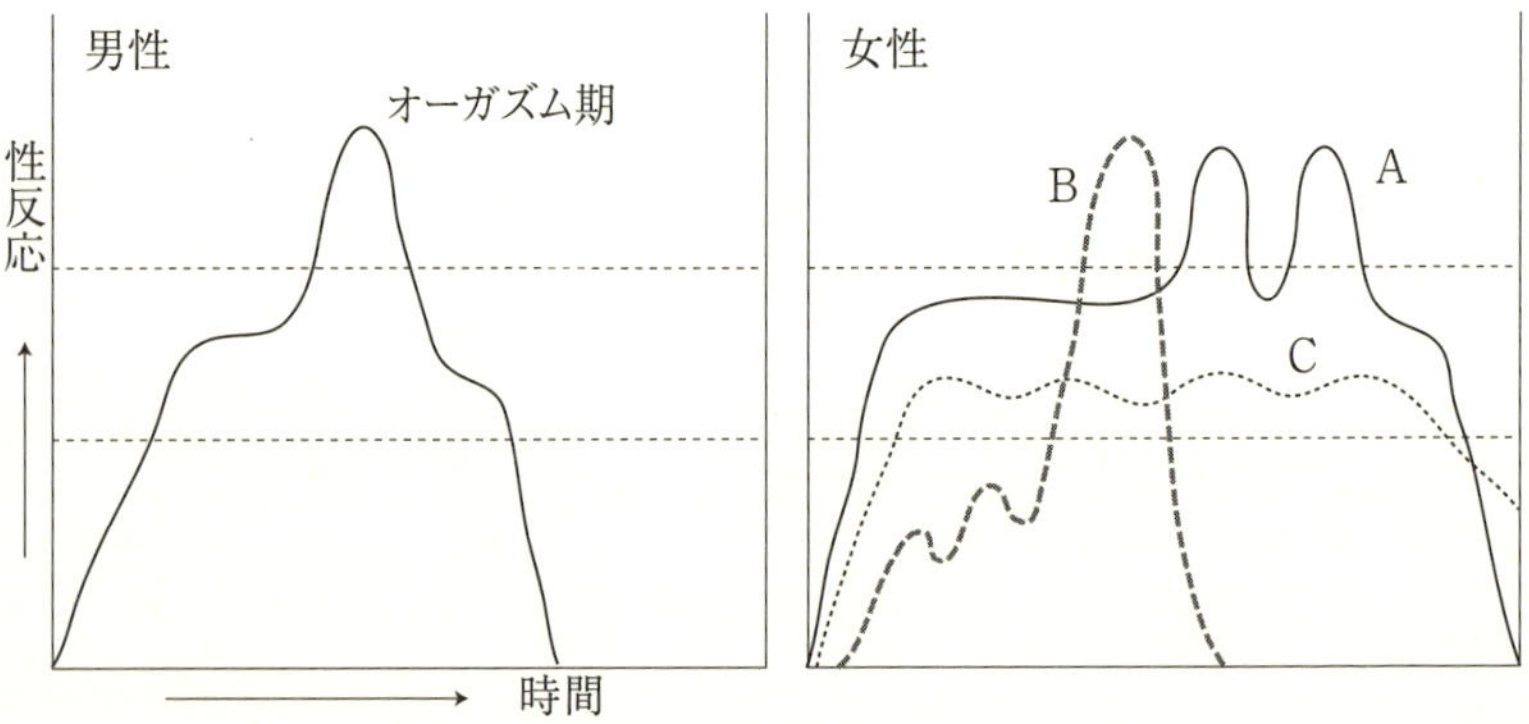

プロブレムQ&A

Ⅳ

セイファーセックスの必要性

Q 20 セイファーセックスとはそもそもどんなことをいうのですか？

最近よくセイファーセックスという言葉を聞きます。セイファーセックスって妊娠しないようにすること？　ほかにも気をつけることがあるのですか？

動物にとっての性交《せいこう》（交尾《こうび》）は子孫《しそん》を残すこと、つまり妊娠を目的にしています。人間にとってのセックスは妊娠目的もありますが、多くはパートナーとの愛情を確かめ合ったり、深めたりするためのものでもあります。性的満足を得たい、という場合も少なくないでしょう。

妊娠を目的にしていないのなら、望まない妊娠から身を守ることがなにより大事。前に触れたように、セックスは自然な現象ですが、その結果の妊娠もごく自然な現象です。無防備《むぼうび》にセックスをすれば妊娠する、と思ってください。

避妊《ひにん》は女性も男性も考えなくてはならないことですが、とりわけ女性にとっては、中絶《ちゅうぜつ》にしても出産《しゅっさん》にしてもその後の人生にもかかわる重要な問題になります。

セックスをするときにもう一つ気をつけたいことは、セックスでうつる病気、性感染症《せいかんせんしょう》の存在です。Sexually Transmitted Diseasesの頭文字をとってＳＴＤともいわれ、ＨＩＶ感染症（エイズ）もＳＴＤの一つです。後半の「同性愛者とセイファーセックス」の章でも詳しく説明されていますが、セイファーセックスはＳＴＤに感染しない、感染させない、より安全なセックスという意味でアメリカの同性愛者によって生まれた言葉です。

セイファーセックスは避妊とＳＴＤ予防の二つを確実に実行することをいいます。

診察室を訪れる若い人に尋ねると、驚くほどＳＴＤのことを知りません。あまりに無知《むち》すぎる、というのが正直な感想です。パートナーのどちらかがＳＴＤにかかっていれば、セックスで相手にうつります。なんの確証もなく、「私はだいじょうぶ」と思っている人が多いのですが、セックスをしているならＳＴＤにかかる可能性はあります。

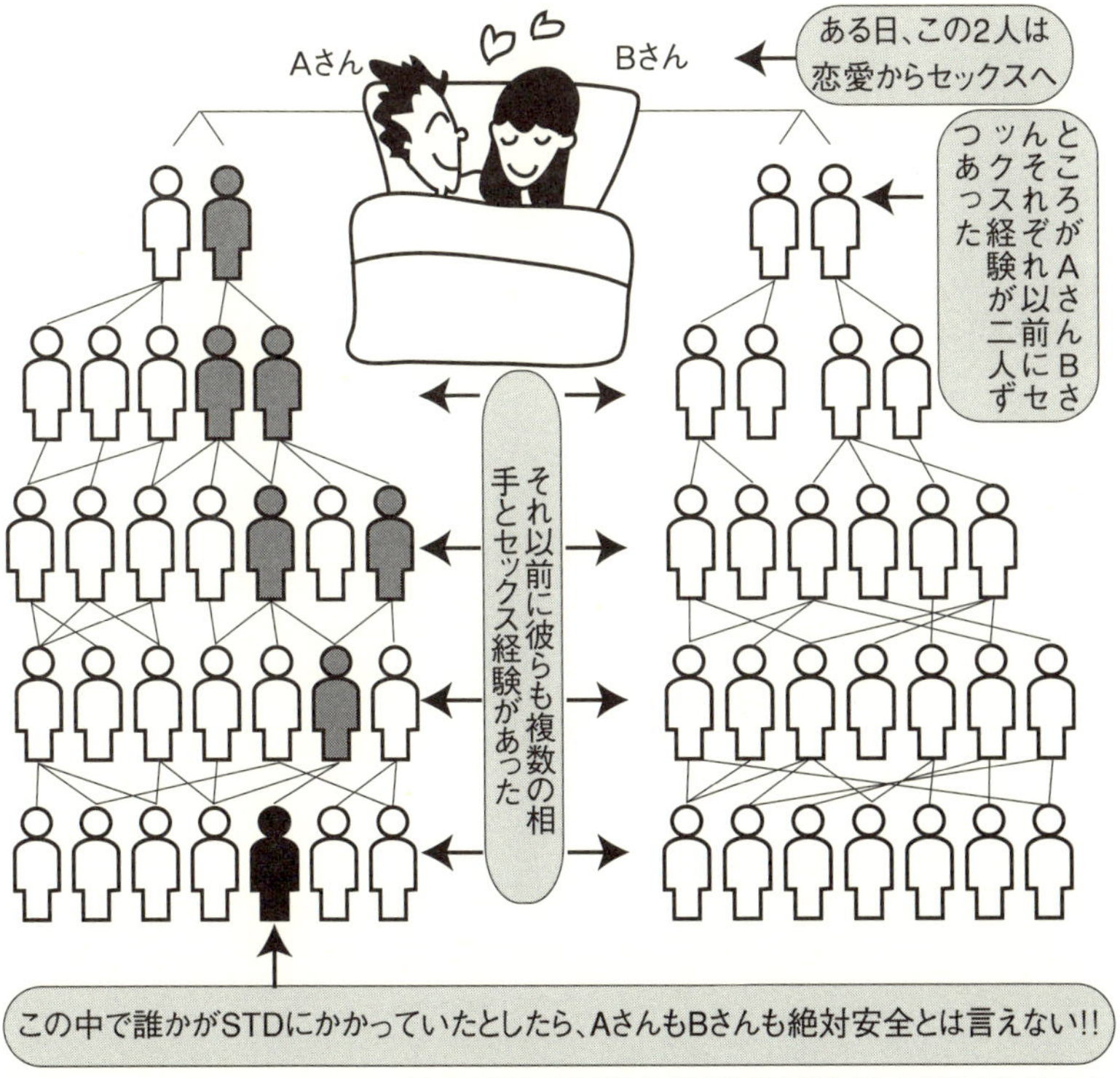

ある日、この2人は恋愛からセックスへ
Aさん
Bさん
ところがAさんBさんそれぞれ以前にセックス経験が二人ずつあった
それ以前に彼らも複数の相手とセックス経験があった
この中で誰かがSTDにかかっていたとしたら、AさんもBさんも絶対安全とは言えない!!

神戸市保健福祉局保健所予防衛生課発行、広報印刷物より作成

「セックスでうつる」とはどういうことでしょうか。「かぜがうつる」といいますが、うつるとは感染《かんせん》することです。細菌《さいきん》やウイルスなどの微生物《びせいぶつ》が動物や人間の体内に入って増殖《ぞうしょく》し、病気を起こすことをいいます。

たとえば、かぜは空気感染《くうきかんせん》によってうつります。かぜの人がコンコンとせきをすると、せきとともにかぜのウイルスが飛び出し、空気と混じります。近くにいる人は空気と一緒にウイルスを吸い込み、場合によってはかぜを発症《はっしょう》します。かぜがうつったわけです。

STDは、言葉どおりセックスによってうつる病気です。病気にかかっている人の精液や腟の分泌液《ぶんぴつえき》が相手の性器や口腔《こうくう》（咽頭《いんとう》）、肛門《こうもん》などの粘膜に触れることによって、病原菌《びょうげんきん》が感染します。したがって、キスや性器にキスをするオーラルセックスでもうつります。

やっかいなことにセックス以外でもうつることがあります。たとえば公衆トイレ。便座に触れるところに傷があると、潜んでいたSTD菌がそこから入り込む、などということもごくまれにはあるのです。

STDの困ったところ、こわいところは潜伏期間《せんぷくきかん》が長く、はっきりした症状がない場合が多いため、感染に気がつかないことです。

オーラルセックス
口を使ってパートナーの性器（ペニス、クリトリス）を刺激すること。ペニスへの刺激はフェラチオ、クリトリスへはクニリングスという。STDに感染している人とオーラルセックスをした場合、口腔粘膜や咽頭などに感染が起こる。クラミジア感染症では肺炎になることもあります。

潜伏期間というのは感染してから発病《はつびょう》するまでの期間のことで、細菌やウイルスなどによる病気にはほとんど潜伏期間があり、この期間は体の中に侵入した細菌やウイルスはおとなしくしています。淋病のように二～七日と短いものもあれば、逆に長期間のものもあります。たとえばＨＩＶ感染症の潜伏期間は数年～十数年と言われています。ＨＩＶ感染の有無は、性交後三カ月たたないとわかりません。ウイルスに対する抗体を調べるのですが、性交直後（感染直後）ではまだできていないからです。また、発病しても症状が軽くて気がつかないことがあるため、知らないうちに、悪気《わるぎ》がなくても相手にうつしてしまうことがあるのです。

　クラミジア感染症（↓Q38）は感染していることに気づきにくい病気の一つです。そのため、若い人の間でクラミジア感染が広がっているのが日本の現状です。

　Sexually Transmitted Infections の頭文字をとったＳＴＩという考え方もあります。Infectionsは「感染」という意味です。

　性行為によって感染する疾患は二〇種類以上ありますが、エイズのように症状がない潜伏期や症状がはっきりしないときにも感染源となるものがあることから、この性行為によってうつる病原体を持っている状態（発症はしていない）を示す言葉としてＳＴＩが使われることがあります。

病原体

　病原となる生物のことで原生動物、細菌、ウイルスなどがあります。

　原生動物→マラリア原虫など。
細菌→コレラ菌、結核菌など。
ウイルス→インフルエンザ、はしか、水ぼうそう、ＨＩＶなど。

ＳＴＩ

　ＳＴＩは適切な訳語がないため、日本語ではなくＳＴＩとそのまま使われます。直訳すれば「性行為でうつる感染」ですが、日本語で「感染」には感染している状態（保菌者）というニュアンスがないため日本語訳は使われないのです。

Q21 セイファーセックスをするためのパートナーとの関係性は？

避妊と性感染症予防、一人で実行するのはなかなかむずかしいと思います。二人で実行するためのいい関係とはどのようなものでしょうか？

相手のことを思いやって避妊《ひにん》やＳＴＤ（性感染症）のことを話し合える関係――それこそ本物のいい関係です。避妊の話をするのははずかしいことではありません。はずかしいこと、愚《おろ》かなことは無防備《むぼうび》にセックスすることです。妊娠は女性だけが引き受けます。出産を望まなければ、人工妊娠中絶手術《じんこうにんしんちゅうぜつしゅじゅつ》（→Q35）を受けることになります。そうならないように、女性も男性も相手に責任を持たなければいけないのです。どんな場合でも自由と責任はいつもワンセットです。相手のことを好きで大切に思っているなら、避妊をしないセックスなんてできないはず、ＳＴＤにだって当然気をつけるでしょう。根拠のない「だいじょうぶ」は無責任です。

若い人に「どうしてセックスをしたの？」と尋《たず》ねると、「回りのみんながしているから」「相手がしたいといったから」と答える人がいます。セックスは二人の関係を温かなものにする一面があるかもしれません。しかし、考えなしのセックスでは妊娠、STD感染という困《こま》った結果をもたらすことも少なくありません。

　セックスは二人のプライベートなものです。だからこそどう考え、どう行動するかは、二人の責任において、二人が選択《せんたく》することです。人にひけらかすものではないし、人と比較するものでもない。大切なものだからこそ、人に強要《きょうよう》されたり、逆に強要したりするものではないのです。

　だれかを好きになることは、心の揺《ゆ》れを安定させるかと思えば、反対に大きくさせることもあって、うれしいけれどせつないことでもあります。そのような中でセックスは心を安定させる作用もあります。しかし、社会にはセックスをあおるような安易《あんい》な情報《じょうほう》があふれているし、友人たちもさまざまなプレッシャーをかけてきます。それでも、「性」はプライベートなことだからこそ自分は自分と考えて大事にしてほしいのです。ときにはせつなさから、さびしさから自分を受け止めてほしいとセックスを求める気持ちが起こることがあるかもしれません。そんなときはよけいにクールな気持ちを持って「私は今、ほんとうにセックスをしていいのだろうか。それに伴う責任を、きちんと担《にな》っていけるだろうか」と考えてみてください。「一度くらいはだいじょうぶ」ということは絶対にないと、しっかり意識してくだ

さい。

自分のやりたいことがたくさんある人、つまり自分自身がどう生きていこうかというものを持っている人は、生き方の一部分として性をとらえています。今は妊娠したくないので、避妊をちゃんとしたい、そういって相談に来る人もいます。パートナーを説得し、二人で避妊の相談に来た人もいます。よく考えればあたりまえのことなのに、「当事者《とうじしゃ》二人で考える」というのは、日本ではまだごく少数派《しょうすうは》のように思われます。

ちょっとした油断《ゆだん》で大きなマイナスの影響が出てしまう可能性があるのがセックス。そのことを充分に知ってほしいと思います。

たとえば、ＳＴＤについてオープンに話し合える関係。たとえば、コンドームが手元にないことに気がついたとき、「残念だけどセックスはあきらめよう」と了《りょう》解《かい》し会える関係、そんな関係なら安心ですね。

Q22 望まないセックスから身を守るためにできることは？

友だちが望まないのにつき合い始めたばかりの彼とセックスしたとのこと。本人はそのことでとても傷ついています。どうすればそんなことが避けられますか？

望まないセックスを避けるのはセイファーセックスにとって大事なことです。とりわけ、雑誌、マンガ、アダルトビデオなどで誤った性情報《せいじょうほう》が山ほど発信《はっしん》されている中では、その情報に流されることに対して自己防衛《じこぼうえい》をしなければなりません。誰も守ってはくれません。

雑誌などに読者からの投稿《とうこう》として掲載《けいさい》されているものも、興味本位《きょうみほんい》に書かれているものばかりです。こういうところから情報を得た男性たちは、たとえば「女はおかされたいという気持ちを持っている」「いやがっていても本当はセックスを望んでいる」などと思いこんでいる場合があります。

また、女性のほうも「相手から望まれたら雑誌にあるようにどんなことも受け入れるのが普通」と思っていることもあります。けれど、それらの情報は読む人の興味をそそるように過激《かげき》に表現されたものばかり。「関係ない世界のこと」、読み手の男性のために書かれたものと思ってまちがいありません。

たとえばオーラルセックス。男の子はアダルトビデオをみて、教科書のように考え、その通りにするし、女の子にそれを求めます。「口の中に射精されたのを吐き出したら悪い」「口でするのはあたりまえ」「しなかったら悪い」と考えるのが女の子です。妊娠はしないけれどもらった菌やウイルスから病気になることがあるのです。

望まないセックス、暴力的《ぼうりょくてき》なセックスを強要《きょうよう》されるのはレイプ（強姦《ごうかん》）です。レイプというと見知らぬ人から暴力的におかされるというイメージがあり、現実にそういった被害にあう人もいます。しかし、診察室でよく打ち明けられるのは、つき合っているパートナーから、会社の同僚から、一緒に飲みに行った知り合いからの強引《ごういん》なセックスです。こういった意思《いし》に反して行われたセックスもすべてレイプと思っていいのです。レイプはれっきとした犯罪。なぜなら被害者の体にも心にも深い傷が残るからです。

望まずに男性とのセックスを経験した女性に理由を尋ねると「突然だったのでどうしていいかわからなかった」「きらわれたくないから」「断わるとかわいそうだ

から」がよく返ってくる言葉。避妊《ひにん》のことをいい出せない理由は「経験豊富《けいけんほうふ》だと思われたくないから」「本気《ほんき》じゃないと思われるから」などなど。「避妊のことを言い出すことは経験豊富なことではない、性教育の中でみんなが学んでいること」と言えるようにしたいと心底思います。「私は一緒にいるだけで満足だったのに、彼から求められて」と話す人はたくさんいます。男性は男性で「女性がためらっているところを一押《ひとお》しするのが男らしさ」と思い込んでいる、思い込まされているのです。

男性にそういう気持ちが強いことは事実ですから、もしあなたにセックスまでの気持ちがないなら、危《あや》うい状況をつくらないのが女性のマナーでしょう。

責任をもたないセックスの結果を負うのは女性です。男性には妊娠という負担はありません。望まなければ「No」といっていいのです。あなたが望まないのに、避妊もせずに自分の要求だけ押し通すような相手では、パートナーのことを大事に思っている人とはとてもいえません。そんな相手にはなおさらはっきり「No」というべきです。

「No」を言えない理由に体力などの差を感じるとすれば、脅しですね。そのような状態になるのを避けることがまず重要です。

セックスまでいかなくても、体を触《さわ》られたり、性的な言葉をかけられたりなどのセクハラ行為、それに対しても、いやなことはいやと初めのうちにきっぱり相手に伝えるようにします。蹴っとばしても、噛みついてもいいから逃げておいでと言っています。

また、こうも伝えています。「Say No」、いやなら「Noといいなさい」と。自分で考え決定して性の行動をすることができれば、将来のいろいろな行動も自分で考えて決められるようになるはずです。

もしも不幸なことが起こってしまったときは、妊娠の有無を調べるため、体のケア（特にSTD感染）のために婦人科で必ず受診《じゅしん》してください。一般のSTDのほかに、HIV検査が必要です（→Q45）。警察に電話で相談するという方法もあります。性被害《せいひがい》にあった人をサポートするグループも今はいろいろできています。

セクハラ行為
セクシャルハラスメントのこと。性的な言葉やいたずら、いやがらせで人を傷つける行為。

犯罪被害者ホットライン
○三―三五九七―七八三〇

東京・強姦救援センター
（→コラム③）

わたしたちは
あなたを支援します
03-3207-3692

コラム③

友だちがレイプの被害にあったとき、サポートできることは？

東京・強姦救援センターのホームページに「身近な人が被害にあったら」という項目《こうもく》があります。以下はその引用です。

身近な人が被害にあったら、あなた自身も強いショックを受けるでしょう。助けになる方法がわからなかったり、どのように接したらよいのか途方《とほう》にくれるかもしれません。けれども、その動揺《どうよう》を彼女にぶつけないでください。彼女に必要なのは責めないで話を聞いてくれることです。

人は無意識のうちに強姦に対する思い込みや偏見《へんけん》を持っています。例えば「ほんとうにイヤなら最後まで抵抗するはずだ」という思い込みがあると、被害を信じることが難しくなります。自分の感情や気持ちにこだわらずに話を受け止めてください。

彼女にかわってあなたが決定し、行動してはいけません。被害後どうするかについては、彼女自身が決めることです。

東京・強姦救援センター（Tokyo Rape Crisis Center）は一九八三年に女性たちによって設立された日本で初めての強姦救援センターであり、民間のボランティア団体です。センターは強姦や性暴力の被害にあった女性のための電話相談、強姦を容認し助長するものへの告発活動、および強姦の問題を正しく理解するための社会啓発を行なっています。

・被害にあった女性のための電話相談。
〇三―三二〇七―三六九二
水曜日一八時～二一時、土曜日一五時～一八時

東京・強姦救援センター のホームページ
http://www.tokyo-rcc.org/

緊急避妊ピルについては→Q30。

Q23 体やセックスの悩みを相談できるところはありますか？

自分の体の悩みや、セックスの悩みってなかなか親しい友だちにもいえない。困ったときに安心して相談できるところはありませんか？

セックスのことだけでなく、若いときは心が揺れ動くときです。自分に劣等感《れっとうかん》を持ったり、他人をうらやましく感じたりはだれでも経験すること。学力、体型、バストの大小、ペニスの大小、どんなことでも悩みの種《たね》になります。小さなことでも本人にとっては深刻《しんこく》な悩みです。マスターベーションやセックスのことで深く悩んでいる人も少なくありません。でも、それはだれもが通る道筋《みちすじ》、あなただけでなく、みんな同じように、なにかしら悩んでいるのです。自分一人だけではないと、まず知っていてください。

雑誌やネットにはさまざまな体験談やいろいろな情報が紹介されています。個人的な体験にすぎないものも、本当のことも、そうでないこともあるでしょう。メディアの情報にまどわされないで相談しましょう。

日本家族計画協会

一九五四年に設立された厚生労働省の認可の公益法人。行政と協力し、受胎調節・思春期保健・健康教育・性教育・母子保健・不妊相談・中高年女性保健・性感染症（ＳＴＤ）・性暴力と児童虐待の防止・子どもの事故予防・国際協力に関するさまざまな事業を行っています。

http://www.jfpa.or.jp/

行動を起こしやすいのは電話での相談。たとえば、日本家族計画協会《にほんかぞくけいかくきょうかい》では思春期や女性のための健康ホットラインのほか、避妊やピルについての電話相談も行っています。

直接相談したいというなら、思春期を対象とした思春期外来、女性専門の女性外来、あるいは町の産婦人科がおすすめ。ホームページで調べる、電話で様子を聞くなど、下調べして選んでください（↓Q33）。電話相談で医師を紹介してもらうという方法もあります。

■日本家族計画協会の電話相談

・東京都女性のための健康ホットライン

妊娠、避妊、婦人科疾患、更年期障害など、身体的、精神的な悩み。

〇三―三二六九―七七〇〇　月～金曜日一〇：〇〇～一六：〇〇

・思春期・ＥＰホットライン

思春期の体、心の悩み、性のこと、避妊のことなど。

〇三―三二三五―二六三八　月～金曜日一〇：〇〇～一六：〇〇

■性の健康医学財団のEメール相談

ホームページからEメール相談ができます。面接相談の予約もできます。

パソコン用HP：http://www.jfshm.org/

携帯用HP：http://www.jfshm.org/mobile/

性の健康医学財団

性感染症をはじめ性の健康を損なう諸要因を医学的に究明して、性に関する医学医術の発展をはかり、また、性の健康に関する知識の普及、啓発を推進するための活動を一九〇三年から行っています。相談室の開設とともに、e-mailによる相談を始め、全国ネットワークで治療の助けもしています。

プロブレムQ&A

V

セックスと妊娠

Q24 絶対に妊娠しない安全な日ってあるのですか？

時期によっては妊娠しないと聞きました。月経が不規則な人は妊娠しにくいって本当ですか？　月経中のセックスでは妊娠しないと言う人もいますが？

基礎体温《きそたいおん》をつけて排卵日《はいらんび》を知り、妊娠しやすい時期を避けると、妊娠の可能性《かのうせい》はかなり低くなります。精子が膣の中で生きていられるのおよそ三日くらい（長いときは一週間）ですから、排卵日と重ならないようにセックスをすれば妊娠は避けられます。

基礎体温は、充分《じゅうぶん》に睡眠《すいみん》をとって目を覚《さ》ましたとき、体を動かす前にふとんの中で測る体温のことです。女性の場合はホルモンの働きによりこの基礎体温が、ほぼ一カ月単位の周期的《しゅうきてき》な温度変化を示します。卵胞《らんぽう》が成熟《せいじゅく》する間は、卵胞ホルモン（エストロゲン）が分泌され、その働きにより体温の低い時期が続き、排卵したあとは卵胞ホルモンと黄体ホルモン（プロゲステロン）が分泌され、その働きによって高温になります。排卵後の卵子は二四時間くらいで受精能力《じゅせいのうりょく》がなくなるので、体温

基礎体温で知る「私」の体

基礎体温は毎朝目が覚めたときに測るのが原則ですが、朝がだめなら夜の決まった時間でもOKです。

二週間くらい高温が続き、妊娠していなければ、体温の下降とともに月経が始まります。高温が三週間以上続けば、妊娠を疑って間違いないでしょう。毎日基礎体温を測って書き込んでみると低温期と高温期が分かれたグラフになり、不規則なりに排卵日をチェックすることができます。一般的には基礎体温を二、三カ

が高い時期に入れば妊娠の心配はなくなります。

ただ、この基礎体温法では「あと何日経ったら排卵するか」の予測《よそく》はできません。排卵が終わって高温相に入ったことで、排卵が終わった時期だと確認できるだけなのです。

排卵は平均的に次の予定月経のおよそ一四日前に起こります。月経周期《げっけいしゅうき》（月経開始日から次の月経開始前日までの間隔）が二八日の人なら月経一日目から数えて、一四日目が排卵日となり、月経周期が三六日の人では、月経一日目から数えて二二日目が排卵日となります。しかし、排卵の過程《かてい》は微妙《びみょう》なホルモンのバランスで成り立っていて、精神的あるいは肉体的な変化の影響を受けやすいので、生活環境の変化やストレスのために排卵が遅れるということもよくあるので、絶対に安全とはいいきれません。

頸管《けいかん》の粘液《ねんえき》（おりもの）で排卵を知る方法もあります。排卵日が近づくと三、四日前から透明で糸をひく、ちょうど卵の白身のようなおりものが増えるのです。一〇人中六、七人はこのような変化がわかるようです。この粘液性のおりものに気づいたら、排卵日が近いと予測することができます。排卵したあとは、ホルモン変化の影響を受けてこの粘液性のおりもの

基礎体温表

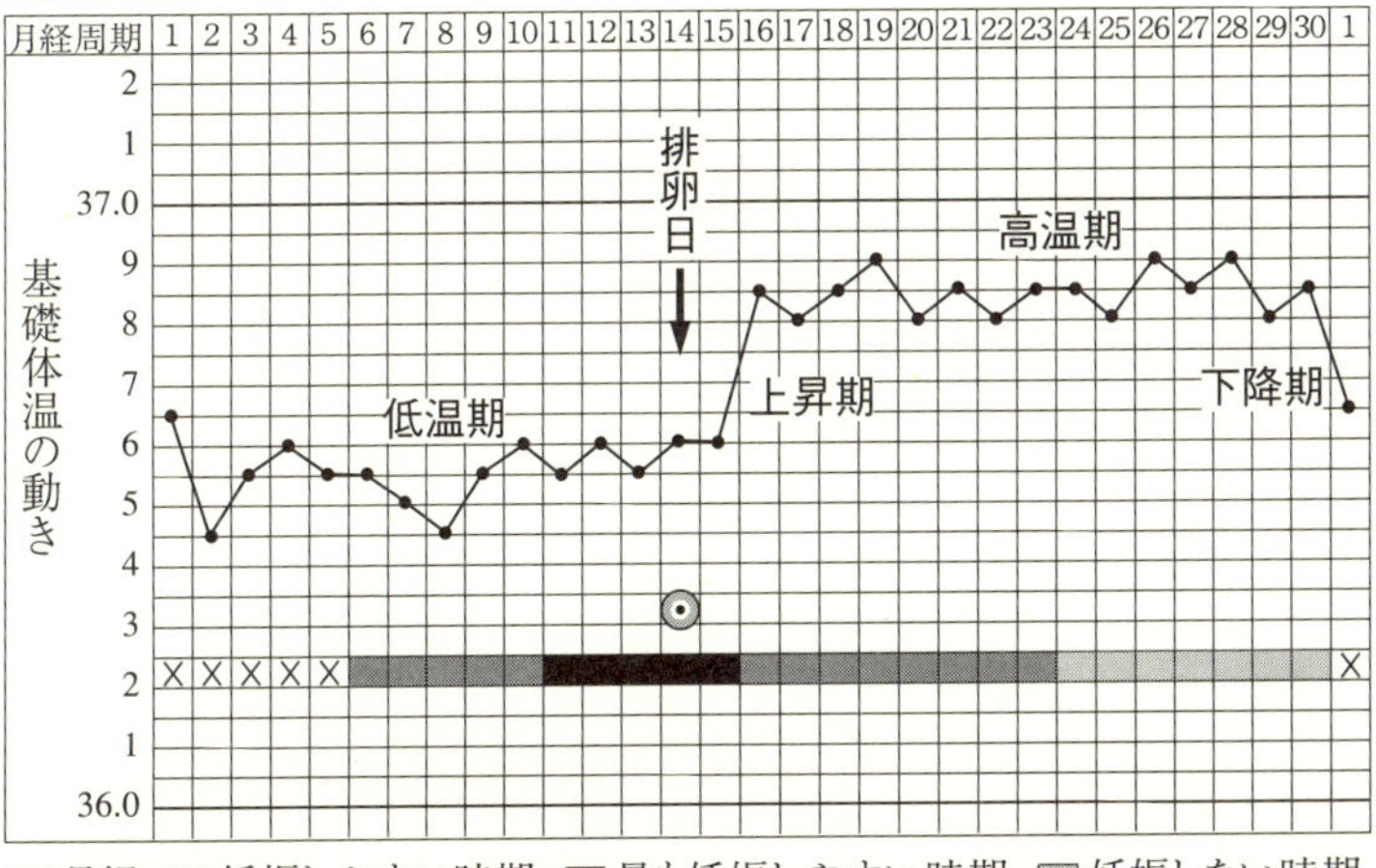

☒月経　妊娠しやすい時期　最も妊娠しやすい時期　妊娠しない時期

——月つけると、自分の体のリズムを知ることができます。

はなくなります。また排卵に一致して、下腹痛《かふくつう》や下腹部の緊張感を感じる人もいます。排卵がいつもの時期からずれたり、中には寿命の長い精子がいたりするために、この方法だけで避妊をするのは危険ですが、自分の体を知る一つの手がかりになります。

思春期に多い月経が不規則な人は、月経からの日数で排卵日を推測することができないので、この方法での避妊は不確実です。排卵日がわかりにくいため妊娠しにくいと思えそうですが、逆に考えれば、いつ妊娠してもおかしくないという危険をはらんでいます。

月経中のセックスも絶対に安全だとはいえません。月経初日から一〇日目くらいに排卵することがあるからです。それに月経中の女性性器はデリケートな状態で細菌感染《さいきんかんせん》を起こしやすいので、できれば避けたほうが安心です。

Q25 避妊にはどんな方法がありますか？ 確実で、実行しやすい避妊法は？

避妊というと、まず思い浮かべるのはコンドームですが、ほかにも実行しやすい方法はありますか？ 女性が利用しやすいのはどんなものですか？

避妊《ひにん》には、妊娠しやすい時期を基礎体温・頸管粘液《けいかんねんえき》・周期から推定し性交渉《せいこうしょう》を避ける（リズム法）、排卵《はいらん》させない（ピル）、卵子と精子が出合うのを防ぐ（コンドーム）、受精卵の子宮への着床を妨害する（子宮内避妊具・ＩＵＤ）などのほか、永久的に避妊をする不妊手術もあります。

失敗の確率が低く、若い人に使いやすく、マイナスの影響が少ない、という条件を考えたとき、まずあげられるのが女性が服用するピル（経口避妊薬《けいこうひにんやく》）です。毎日きちんと飲み続けることで避妊ができます。今ある避妊法の中では最も確実な方法です。

コンドームは薄《うす》いゴムで作られた避妊具《ひにんぐ》で男性が使うのが一般的。ペニスにかぶせて射精された精子が子宮内に侵入するのを妨害します。もっとも手軽に広く使われている避妊具で、正しく使えば確実な避妊法です。

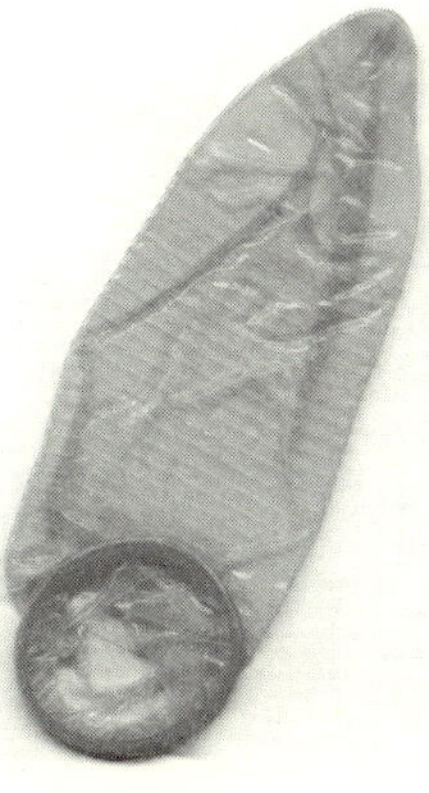

男性用コンドーム

膣内に装着する女性用のコンドームもあります。外陰部《がいいんぶ》と膣内《ちつない》の双方をおおう構造になっていて、精子の進入を防ぎます。

コンドームを使用するのはめんどうだとか、ださいとか、持ち合わせていなかったとか、ペニスと膣が直接ふれあうのでつけないほうが気持ちがいいなどの理由で、あるいは、「一度くらいは平気だろう」と油断《ゆだん》するカップルが実際にいて、妊娠につながる例があとを絶ちません。ピルを服用していないのなら、必ず毎回コンドームを使ってください。

コンドームは避妊だけでなく、ＳＴＤ（性感染症）の予防に役立ちます。外国では避妊のためにはピルを使い、同時にＳＴＤ予防のためにコンドームを使用するという二重の方法がすすめられ、実行されています。

多くの男性は、相手を妊娠させないためにコンドームを使う、と思っているようですが（もちろんそれも大事）、コンドームは自分自身を守るものと考えるべきでしょう。コンドームは望まずに父親になること、パートナーを妊娠させてしまうこと、ＳＴＤに感染すること、これらのすべてを予防してくれます。

ペッサリーは、ダイアフラムともいわれるゴム製の半球状《はんきゅうじょう》の避妊具です。子宮の入り口を覆って精子の進入を妨げます。外国では若い人たちの避妊器具として見《み》

女性用のコンドーム

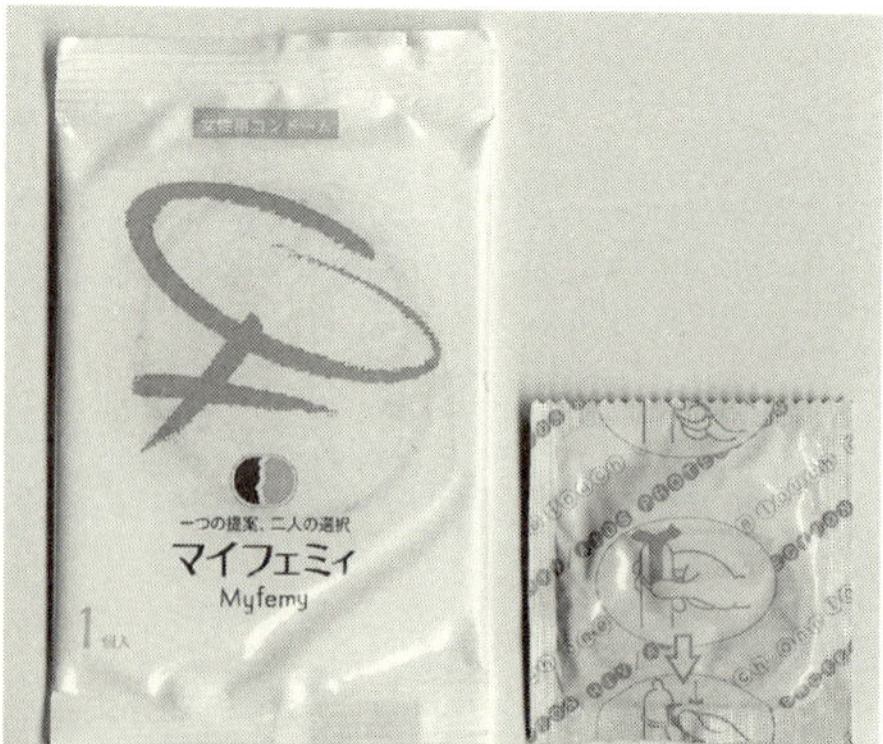

右男性用コンドーム、左女性用コンドーム

直《なお》されているようですが、まちがいなく子宮の入口をおおうことができるように助産師や医師の指導を受けなければいけないこと、習ってもつけるのがむずかしいこと、などの理由で日本ではあまり利用されていません。女性用コンドームの特徴《とくちょう》はペッサリーに比べると入れやすいこと、STDが予防できることです。小さな器具を子宮の中に入れる子宮内避妊具IUDは産婦人科医に挿入してもらわなければならず、また、出産の経験がなく子宮口が狭い人にはあまり向いていません。未婚の人には不向《ふむ》きな避妊法です。

射精の寸前にペニスを膣から出して射精する膣外射精《ちつがいしゃせい》は、アダルトビデオなどで必ず見られます。「外出《そとだ》し」だから避妊法と思われているようですが、コンドーム以上に気分を損《そこ》なうこと、射精前の尿道からの分泌物にも精子が存在することなどから、避妊法とはいえません。それに、おなかや顔に精液をまきちらすのは、パートナーにとっても楽しいことではないはずです。でも女の子は相手の言うなりにするのがいいことと思い込まされているのです。アダルトビデオでは男性が満足したことを示すには、射精したことを外出しで見せるしかないのです。

どんな避妊法を選ぶかは、条件によってかわってきます。たとえば、パートナーと遠く離れていてたまにしか会えないのに、その日に備えてピルを飲み続けるの

子宮内避妊器具（IUD）

子宮の中に入れて妊娠を避ける小さな器具で、一度入れると二〜三年はそのままで避妊の効果があります。日本ではリングとも呼ばれます。受精卵の着床を阻止することによって避妊の働きをすると考えられています。

医者で入れてもらうIUD

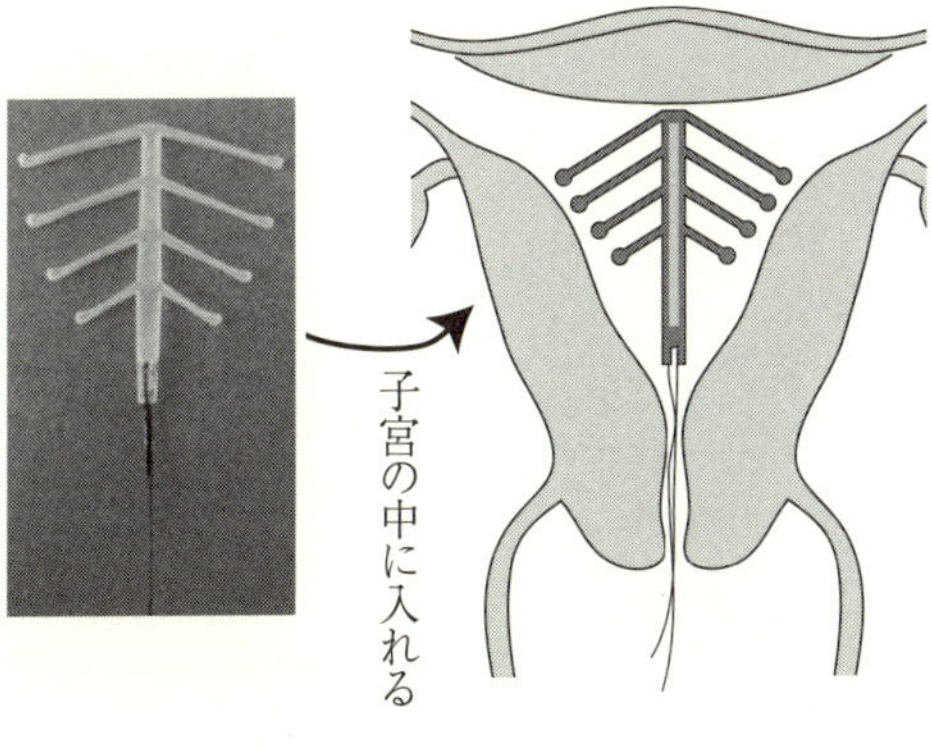

は適当とは思えません。コンドームを確実に使うようにするのがいいでしょう。

パートナーと会う機会の多い人にはピルがおすすめです。お互いにちゃんと検査をしていてＳＴＤの心配がなければコンドームは必要ありませんが、どちらかが今まで、あるいは現在複数のパートナーを持っていたり、相手のことがよくわからなかったりする場合は最初からコンドームを併用します。

「もう子どもはほしくない」「病気があるため子どもができると困る」という場合には手術《しゅじゅつ》という選択もあります。だれでもできて、妊娠の心配はなくなりますが、時間がたってから「やっぱり子どもがほしい」と思っても元に戻すことはむずかしいので、若い人にはすすめられません。

この手術は男性では精管《せいかん》を、女性では卵管を縛《しば》ります。男性はそけい部（股のつけ根）を少し切るだけなので日帰りできますが、女性は膣または下腹部を切るので数日間の入院が必要です。「卵管や精管を縛るとホルモンに影響が出るのではないか」と心配する人がいますが、卵管や精管を縛っても卵巣や精巣の血液は流れており、ホルモンは卵巣や精巣から血中へ送られて全身にゆきわたり、栄養も運ばれますから、性欲も変わりません。男性の性欲が損なわれるというのも嘘です。心配はいりません。

避妊のための手術の費用

女性では卵管を縛る手術になりますが、保険が適応されないため一〇〜二〇万円と幅があります。男性ではもう少し安くなります。

女性の不妊手術

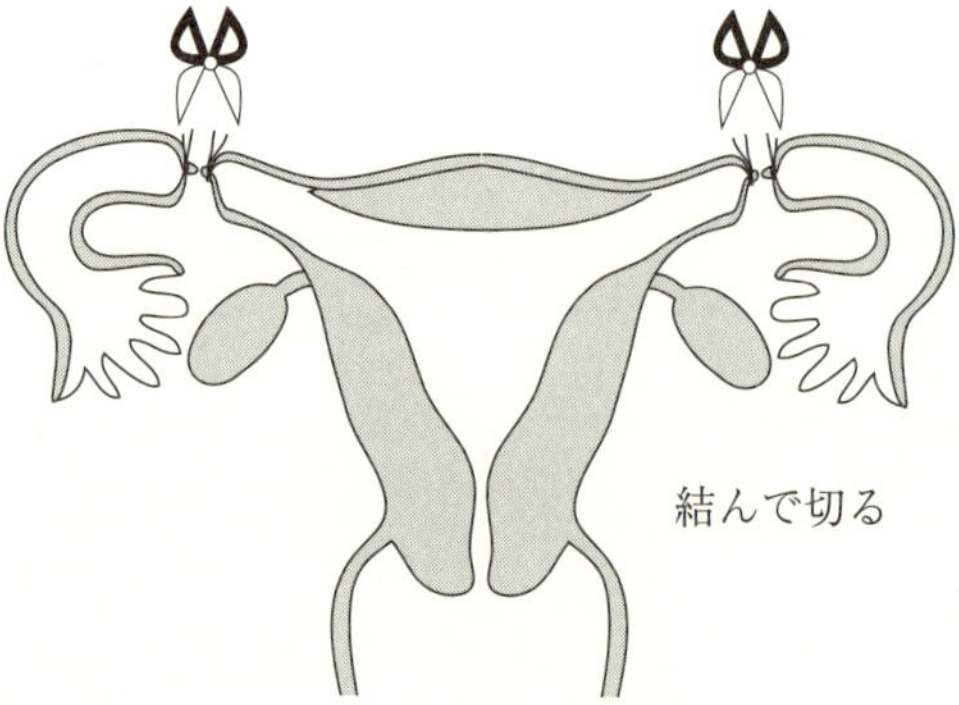

Q26 コンドームの正しい使い方ってあるのですか？

コンドームはどれも同じですか？　正しい選び方や使い方は？　女性用コンドームの装着は簡単ですか？　ちゃんとした使い方を知りたいのです。

男性用のコンドームは古くから使われてきた避妊具《ひにんぐ》です。勃起《ぼっき》したペニスにかぶせて使用します。自分の意志で手軽に使えて、準備なども必要ありません。最近はコンビニやネットでも売られているので、買いやすくなりました。

香りつきや模様つきなど、最近は種類が豊富ですが、基本的な使い方は同じ。品質的にはＪＩＳマークのついているものが安心です。温度でゴムが劣化《れっか》することがあるので、ポケットなどに長く入れたものや古いものは考え物です。「うまくつけられないかも？」と心配する人にはテープつきで簡単に装着できるタイプもあります。

では、正しい使い方です。正しい使い方をしないと、避妊もＳＴＤの予防もすることができません。もっとも大事なことは勃起したらつけることです。

①　コンドームは平らになって袋に入っています。とても薄いゴムですから爪

や歯などで傷をつけないように袋から出します。

② 取り出したら、先のほうの袋状になった部分を指で軽くつまんで空気を抜きます。

③ 表裏を間違えないように、勃起したペニスに密着させてかぶせます。

④ 先端の袋状の部分を押さえながら根元までのばしていきます。ドキドキハラハラしながらだとあせって失敗する確率が高くなります。事前に練習して暗い中でもちゃんとつけられるようにしておきます。

射精後は、コンドームを押さえながら膣からペニスをぬき、コンドームをはずします。

女性用のコンドームは膣の中に入れて使用するもので、男性用よりは大きく装着もやや手《て》間《ま》取《ど》るので、やはり前もって練習しておきましょう。

コンドームの装着方法

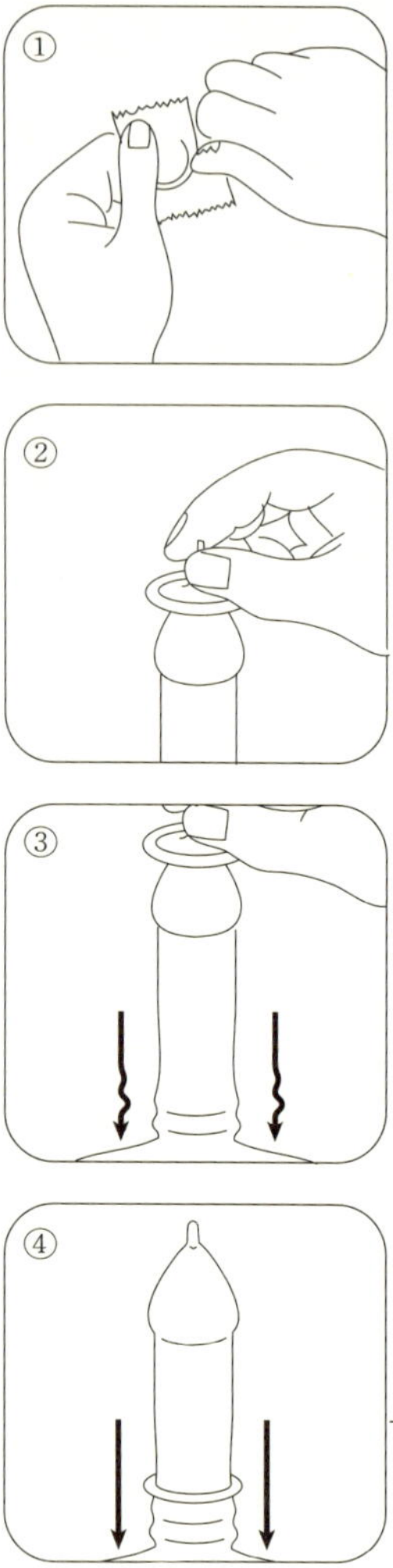

Q27 コンドームでも失敗することがあるそうですが、どんな失敗ですか？

コンドームを使っていたのに妊娠した、という人がときどきいます。コンドームで失敗しないために気をつけることはありますか？

あたりまえのことですが、破《やぶ》れているコンドームは使わないこと。箱や袋が破《は》損《そん》していたら、使わないほうが無難《ぶなん》です。服やズボンのポケットに入れたままにしておくと、ゴムが劣化していることがあります。そのほか、避妊に失敗した例で多いのは次のような場合です。

・最初からではなく射精直前《しゃせいちょくぜん》につけた。

射精の前のがまん汁にも精子が出ていることがあり、女性の体に入ってしまいます。

・コンドームが古すぎた。

コンドームはゴムですから、古いと劣化《れっか》していることもあります。念のため、使用前に期限の月日を確認しておきましょう。

カウパー腺液（がまん汁・さきばしり）

ペニスの付け根の尿生殖器隔膜内に対をなして存在する尿道球腺からの分泌物。性的興奮により分泌される透明で粘りのある弱アルカリ性の分泌液でペニスの先端をなめらかにします。この分泌物に精子が存在することがあるため、避妊をするなら、勃起したらすぐにコンドームを着ける必要があるのです。

・つけ方が悪かった。

暗い中であせっていると、きちんとつけられない場合があります。Q26で説明したように前もって練習をし、ペニスの根元《ねもと》までしっかりかぶせます。

・射精のあともしばらくそのままでいた。

射精のあとペニスを膣に入れたままにしておくと、ペニスが小さくなって精液が流れ出してしまう危険があります。終わったらコンドームを押さえながら早めに抜きましょう。

・コンドームがとれて膣に残ってしまった。

射精してペニスが小さくなると取れてしまうこともあります。それを防ぐためにしっかりペニスの根元までかぶせます。射精のあとは、根本を押さえて膣から抜くことも大切です。

包茎の場合は皮膚（包皮）が長いため、つけているときに皮膚の動きが多く、とれやすい傾向があります。コンドームを途中まで巻きおろしたら、コンドームの根元を持って、余っている皮を上の方に寄せます。それから改めてコンドームを根元まで巻きおろします。

・コンドームを着ける時に、「表かな裏かな」と迷っていたら、粘液のついた方

コンドームのつけさせ方

高校生から聞いた彼にコンドームを着けさせる妙案。「私、性感染症なの」というと、必ず必死でコンドームをつけようとするとか。交際が長くなり、治らないのはおかしいと相手が気づき始めたら、「クラミジアは一応治ったけれど、調べてもわからないのもあるらしいよ。わからなかったら、一緒に病院へ行く？」。ここまでいうと、やっぱり彼は必死でコンドームをつけるようです。「コンドームじゃないと燃えないの」という言い方も効果が大きいとか。

が表側になってしまった。
・繰《く》り返し使用した。
コンドームは一回ごとの使い捨て。洗って使ったりしないように。
・破れないように二枚重ねにした。
二枚重ねると摩擦《まさつ》や二枚の間の空気のためにかえって破れやすくなります。

コンドームの失敗は以上のようなことですが、避妊に関してはまちがった情報がけっこうまかり通っています。ついでに触れておきましょう。

たとえば、「一回目の精液は濃くて妊娠しやすいけれど、二度目からは薄いから妊娠しにくい」というもの。確かに、回数を重ねると精子の数は少な目になりますが、あとのほうでも充分妊娠が成立するだけの量と元気のある精子を発見できます。若い人はそれだけ精子も元気ですから、セックスの度に避妊には気をつけなくてはいけません。

セックスのあと、コーラやサイダーなどの発泡性《はっぽうせい》の飲み物で膣の中を洗うと妊娠しないと思っている人もいますが、避妊法としてはまったく無意味《むいみ》で、危険でもあります。膣の中は、ホルモンの働きで弱酸性《じゃくさんせい》の状態に保たれています。その条件のもとで、膣内を清潔に保つ役目の細菌《さいきん》が活躍しています。炭酸飲料《たんさんいんりょう》が膣の粘膜《ねんまく》を刺激したり、酸性度を変化させたりすると細菌感染《さいきんかんせん》に対する抵抗力《ていこうりょく》が減少し、膣にとっては害になります。ビデで洗うのも避妊効果は期待できません。

男性が射精するとき息を止めていれば妊娠しない、セックスのあとで逆立ちやジャンプをすれば妊娠しにくいなど、どれも誤った情報です。信じて実行しても妊娠します。

「俺はコンドームをつけると駄目《だめ》なんだ」と年輩の男性に言われて受け入れ、妊娠した一五歳の女の子もいました。

Q28 ピルを利用したいと思っています。どうすれば手に入りますか？

ピルは飲むだけで本当に避妊効果があるのですか？　飲み忘れたときはどうすればいいですか？　使ったことがないので、詳しく知りたいです。

ピルは女性が服用《ふくよう》する避妊薬《ひにんやく》です。ホルモン量の少ない低用量《ていようりょう》ピル（以下ピル）が避妊薬として使われています。毎日忘れずに飲み続けることで排卵《はいらん》しないようにするのです。今ある避妊法の中ではもっとも確実に避妊ができます。

ピルは医師による処方《しょほう》が必要です。ピルも薬ですので、少ないとはいえ副作用《ふくさよう》があります。使ってはいけない場合、使っていく上で注意しなければならない場合があるのです。そのために「要処方箋《ようしょほうせん》」となっているのです。院内処方箋なら処方箋をもらった医療施設の薬局で、院外処方箋であれば処方箋薬局で購入《こうにゅう》することができます。コンンドームと違って、普通の薬局やコンビニでは買えません。

ピルには女性の卵巣《らんそう》でつくられる卵胞《らんほう》ホルモンと黄体《おうたい》ホルモンとほとんど同じ作用をもったホルモンが入っていて、排卵を抑制《よくせい》します。ピルを飲んでいる間は、

処方箋

医師が患者の症状に応じて薬の種類や量、副作用方法などを書いた書類。

ピルの価格

避妊のための低用量ピルは保険診療にならないことから、診察料を含めて一カ月に五〇〇〇～一万円です。

卵胞の発育は停止して卵巣は休んでいる状態になるため、排卵は起こらず、受精の心配がなくなるのです。

また、ピルは子宮の入り口の子宮頸管粘液《しきゅうけいかんねんえき》（おりもの）の性質を変えてねばねばにし、精子を通しにくい状態にします。また、卵管の動きを弱めたり、子宮内膜《しきゅうないまく》に働いたりして、受精《じゅせい》や受精卵の着床《ちゃくしょう》を妨げます。ピルは、二重三重のガードによってより確実な避妊効果をもたらします。

ピルはホルモンの種類によっていくつかタイプがあります。大きくは二種類で、卵胞ホルモンと黄体ホルモンの配合割合量《はいごうわりあいりょう》がずっと変わらないものと、途中で変わっていくものです。変わらないものは一相性、変わるものは二段階に変わる二相性と三段階に変わる三相性があります。いくつかタイプがあることによって、自分にあったピルを見つけやすくなります。

ピルは、毎日一錠二一日間飲んで七日休むのが飲み方の基本です。この基本に沿って、二一日飲んで、七日間薬を休んでから次のピルを飲み始めるのが二一日型。次の飲み初めを忘れないための二八日型タイプもあって、この場合は二八日間飲み終えたら、次の新しいピルを飲み始めます。最後の七日間はホルモンの入っていないにせものの薬です。毎日一錠、時間もだいたい決めておいたほうが飲み忘れの心

ピル

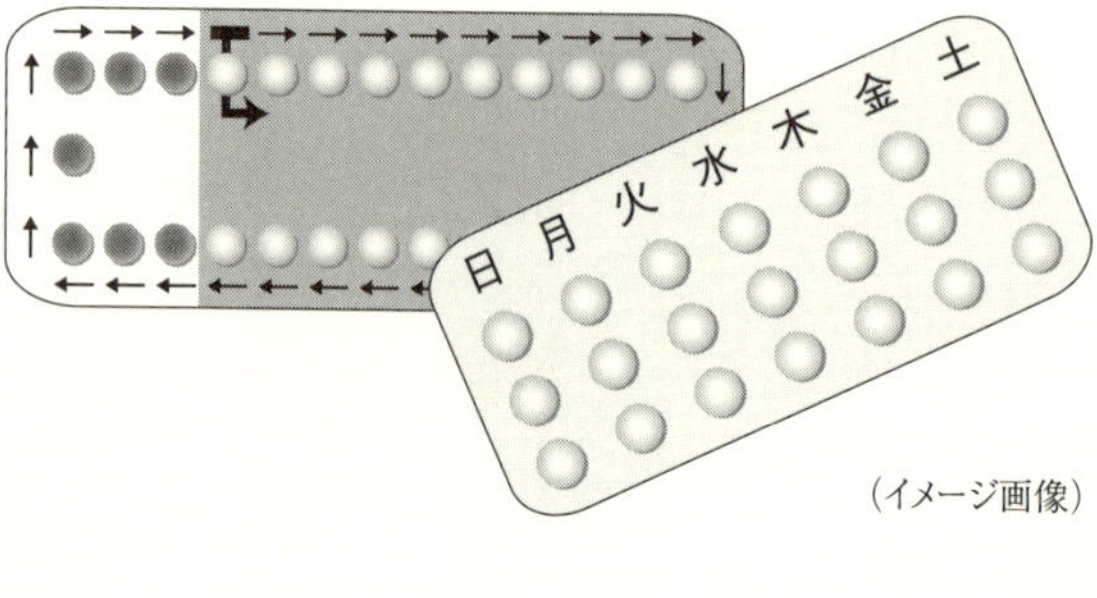

（イメージ画像）

配がないでしょう。食前、食後は関係ありません。

　飲み方は、月経が始まった日から飲み始める「ワンデースタートピル」と月経の始まった週の次の日曜日から飲み始める「サンデースタートピル」があります。サンデースタートピルは飲み終わったときの出血が週末に重ならないため、アメリカの若い人の間では人気があると聞きます。

　飲み始めの一周期は排卵抑制効果《はいらんよくせいこうか》は弱いので、他の避妊方法と併用したほうが安心です。ＳＴＤのことを考えるなら、常にコンドームを併用することが望ましいのです。

　ピルを飲んで排卵を抑えると月経はなくなると思っている人もいるようですが、ピルを飲んでいても月経はあります。ピルを飲んで抑えられるのは排卵で、出血ではありません。ピルは二八日周期で作られているので、月経は二八日周期で定期的に確実に起こります。月経不順《げっけいふじゅん》な人にとっては、月経が決まって起こるというメリットがあります。

　月経が始まって一日目から飲み始める場合で考えてみましょう。

　月経が始まったら二一日間ピルを飲みます。ピルに含まれる女性ホル

ピルによるホルモン変化

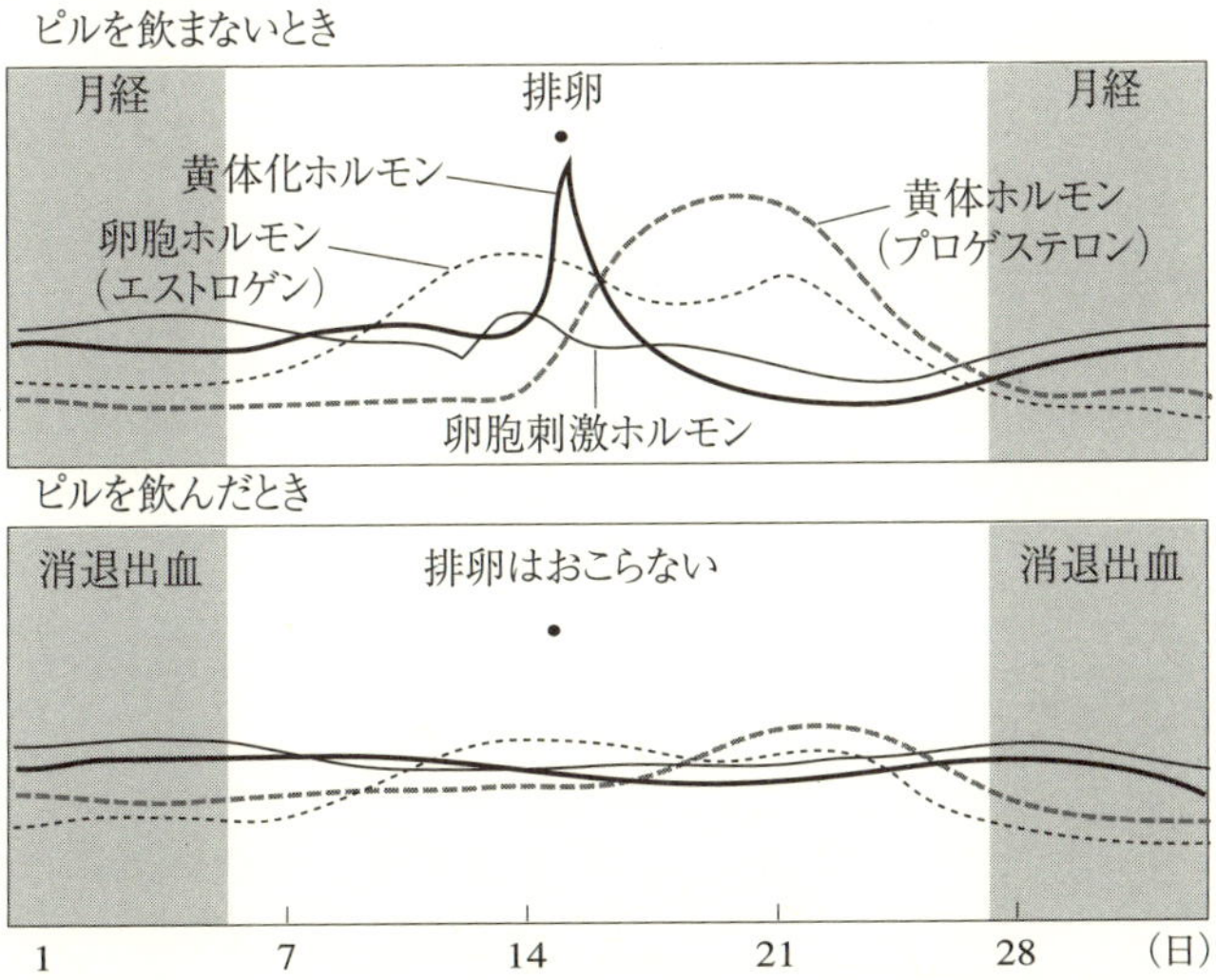

モンが作用して、本当なら下垂体から分泌される卵胞刺激ホルモンや黄体化ホルモンの分泌を抑えてしまい、排卵が抑えられます。二十二日目からピルを飲むのをやめると、血液中の女性ホルモンの量が急に下がります。すると女性ホルモンにより支えられていた子宮内膜は子宮壁から剥がれおちて体外に排出されます。これが月経で、ピルを飲まなくなった三日後ぐらいに始まります。

ピルを飲んだときの月経は出血が少なく、月経痛なども軽くなります。ピルの場合、卵巣から分泌される自然のホルモン分泌とは量や質が異なるため、子宮内膜をあまり厚くしないのです。その結果、月経の量は少なく、痛みなども軽減《けいげん》します。

ピルを飲んでいると月経量が減って、ときにはなくなることもあります。飲み忘れたり、下痢《げり》や嘔吐《おうと》などが原因で吸収されなかったりすると排卵が起きて妊娠してしまうこともないとはいえません。月経が二回続けてなかったときは病院で診察を受けてください。

ピルにとって、もっとも問題なのは飲み忘れ。数日続けて飲み忘れると、卵巣が再び活動を始め、排卵が起こって妊娠することもあ

ピル・カレンダー

【ワンデースタートピル】

月経が始まったこの日から21日間ピルを飲みます。

日	月	火	水	木	金	土
1	2	③	4	5	6	7
8	9	10	11	12	13	14
15	16	17	18	19	20	21
22	23	24	25	26	27	28
29	30	㉛				

この日からまたピルを21日間飲みます。

1週間薬をやめます（飲み終わってから2、3日後に月経が始まります）。
※この人は、今後いつも火曜から飲むことになる。

【サンデースタートピル】

この日に月経が始まったら次の日曜から21日間ピルを飲みます。

日	月	火	水	木	金	土
1	2	③	4	5	6	7
8	9	10	11	12	13	14
15	16	17	18	19	20	21
22	23	24	25	26	27	28
29	30	31	1	2	3	4

1週間薬をやめます（飲み終わってから2、3日後に月経が始まります）。
※この人は、月経開始や終わりに関係なく、いつも日曜から飲むことになる。

ります。もし飲み忘れたときは、二四時間以内なら、忘れた昨日の分を一錠飲み、少し時間をあけて今日の一錠を飲みます。一日以上たって飲み忘れに気がついた場合は、気がついたときに二錠飲みます。その日のピルは通常の時間に飲み、翌日からは普通どおりに飲みます。どちらの場合も、飲み忘れたのが、一~七日目の場合は、念のためにコンドームなどの避妊法を七日間だけ行います。

二日以上たって飲み忘れに気づいたときは医師に相談してください。

自己管理がしっかりできる人であれば、飲み忘れをしたとき、出血したとき、吐いてしまったとき、処方薬を飲まなければならなくなった時点で、どうしたらよいかが書かれた本やパンフレットを読んで、いろいろな条件での注意を守ればよいことです。しかし、不確実な知識で「まあいいや」と判断するのは危険です。避妊の目的が果たせなくなることもありますから……。

飲み忘れほど多くはないでしょうが、まちがって一日に二錠飲んでしまったということも起こるかもしれません。人によっては吐き気や頭痛が起こることもあるようですが、これは一過性《いっかせい》のものです。一時的に体内のホルモン量が増えたとしてもすぐに落ち着きます。翌日からはまた一錠ずつ飲んでください。

ほかの薬とピルを併用するときは?

かぜ薬や痛み止めなど、ほかの薬を飲むときもピルはいつものとおりに飲みます。ピルがかぜをひどくすることはありません。ただ、たとえばけいれん発作を抑える薬や水虫の薬を飲んでいるときは、ピルの有効性を下げる場合があります。かぜをひいて抗生物質を処方された場合もピルの効き目を弱くすることが薬によってはあるので、医師に相談するほうがいいでしょう。下痢や嘔吐をしているときはピルが充分に働かないことも考えられますので、その対策も聞いてください。

Q29 ピルを試したいのですが副作用が心配です。ピルを飲むと太りますか？

ピルは薬なので飲み続けるのはちょっと不安。ピルを飲んで太った人もいると聞きましたが、どんな副作用があるのでしょうか？

「ピルは副作用《ふくさよう》がとても少ないのよ」と話しても、たいていの人は「でも、やっぱり薬だから」と気にします。病気ではなく、避妊のために薬を飲むことに抵抗があるようです。どんな薬でも副作用のまったくないものはありませんが、避妊用の低用量ピルは他の病気の治療に使用する薬に比べて、副作用について特に気を配って作られています。心配はほとんどないことがわかっています。

小さな副作用としては、使いはじめたときに吐き気やわずかの出血がみられる人がいます。これらはしばらく服用を続けて体が新しいホルモン環境に慣れればほとんどおさまります。飲み始めて二～三カ月たってからも同じような症状があるときは、ピルの種類を変えてみるといいでしょう。ピルにはいくつかの種類がありますから、ほとんどの女性は自分にあったピルを見つけられるはずです。

たばこを吸う人はピルを飲めない

妊娠していない健康な女性ならピルを飲むことができますが、たばこを吸う人は注意が必要です。たばこを吸うと血液の流れが悪くなり、血管がつまりやすくなります。ピルに含まれる卵胞ホルモンに血液を通常よりも固まりやすくする作用があるのです。健康な人なら問題はないのですが、たばこを吸う人には二重のリスクになります。一日に一箱以上たばこを吸う人は、ピルは飲まないほうが無難でしょう。血圧の高い人、といっても、ピルが万能《ばんのう》というわけではありません。合う人も、中には合わない人もいるでしょう。ピルを使うか使わないかは、避妊のほかに、体へのプラスとマイナスの効果の両方を考えて、それぞれの個人が決めればいいことです。でも、タンポンによって月経中の女性の行動範囲が大きく広がったように、ピルも女性の生活や活動を広げる一つの選択肢《せんたくし》になると私は考えています。

よくあるピルについての誤解には次のようなものがあります。

・ピルを飲むとホルモンのバランスがくずれる。

女性ホルモンをコントロールしているのは脳の中の視床下部《ししょうかぶ》と下垂体《かすいたい》でしたね。ピルに含まれる女性ホルモンが血液によって体の中を運ばれると、視床下部と下垂体は卵巣が分泌していると判断して、卵巣を刺激するホルモンの分泌を抑えます。そのために卵巣から分泌される卵胞ホルモンも抑えられるので、血液中のホルモンは内服したホルモンが中心になります。したがって、ピルを飲んでも体の中のホルモン量は変わりませんし、一〇三頁の図のような血液中のホルモン（特に卵胞ホルモンと黄体ホルモン）の大きな変動が緩やかなものに変わります。

・ピルを飲むと太る。

重症の糖尿病や心筋梗塞、弁膜性心疾患のある人、脳卒中にかかったことのある人、重症の偏頭痛のある人、乳がん、ウイルス性肝炎、重症肝硬変などにかかっている人はピルを使えません。

子宮内感染症

子宮内膜炎など子宮の細菌感染による炎症。子宮内の胎児への感染の場合にも使います。子宮内感染は膣内の細菌が子宮頸管を子宮に向かって進んでいくことによって起こることが多いのですが、ピルによって頸管分泌物がどろりと硬くなるために細菌が子宮内に入るのを防ぎます。そのため、子宮内感染症のリスクが減るものと思われます。

ピルに含まれるエストロゲンには体の組織内《そしきない》に水分をとり込みやすくする作用があるため、中用量ピルのときには体重が増えるということがありますが、太ることとは違います。低用量ピルではホルモン量がずっと少なくなっていますから、作用もマイルドです。しかし、他の薬もそうですが、ホルモンに対しても敏感に反応する人がいて、むくみやすくなる人もいます。このようなときは、ピルの種類を変えるのがよいでしょう。

ピルを飲むことによって月経のトラブルなどが減り、食欲が出て、つい食べ過ぎてしまう人がいます。ピルのせいではありますが、本人の食べすぎが体重増加の主たる理由です。

・一〇代から始めるのは心配。

月経が始まって数年は排卵しない無排卵性月経《むはいらんせいげっけい》であることが多く、この時期にピルを飲むと不妊《ふにん》になるのではといわれたことがありましたが、その後の調査によってそのような事実はないことがわかりました。

一〇代の女性が妊娠すると中絶になる可能性が高く、精神的にも肉体的にも大きなリスクになりますから、恋人がいて性的な関係があるなら確実な避妊が必要です。一〇代といっても前半と後半では、状況がまったく異なります。し

子宮内膜症

子宮の内側は子宮内膜という粘膜でおおわれています。この子宮内膜や内膜に似た組織が、子宮内腔以外の卵管や卵巣、子宮筋層内に発生するのが子宮内膜症です。子宮の筋層内や骨盤内のほか、腟などに発生することもあります。自然の排卵周期ではこの子宮外にある内膜が、卵胞ホルモン、黄体ホルモンの作用で周期的な変化を起こし、月経痛を強くすることがあります。しかし、低用量ピル内服中の内膜は薄いので、子宮内膜症は軽くなります。

子宮筋腫

子宮の壁にできる良性の腫瘍。子宮壁の筋肉から発生し、球状のしこりになったものです。卵胞ホルモンの作用で大きくなるホルモン依存性のある腫瘍とされています。しかし、

かし、無排卵であっても月経が始まっていればホルモンに対する反応はあるわけですから、安定したピルのホルモンによる刺激はマイナスにはなりません。ピルで避妊の習慣をつけるのが安全な方法でしょう。

・ピルを飲むと不妊になる

その心配はありません。研究の結果、かえって不妊になるリスクは減ることがわかっています。ピルを飲むことで子宮内感染症《しきゅうないかんせんしょう》、子宮内膜症《しきゅうないまくしょう》、子宮筋腫《しきゅうきんしゅ》といった不妊の原因になる病気のリスクが減るためです。ピルを飲んでいる間は妊娠しませんが、やめればすぐに卵巣は働きはじめ、排卵が起き、妊娠が可能になります。

・ピルを飲むと乳がんになる。

これもノーです。がんのリスクについても大がかりな調査が行われ、ピルががんを起こすことはないことがわかっています。

・HIVにかかりやすくなる。

これはピルのせいではなくて、セックスをする人の問題。妊娠の心配がないからとコンドームをつけないと、HIVその他のSTDを防ぐことはできません。自分に複数の相手がいたり、パートナーに複数の相手がいたりすると、STDに感染

大きくなるスピードには個人差があり、ピルは発育を抑え、しかも月経量が少なくなるという作用があるので、経過をみながら対症療法に使えます。五人に一人くらいの割合で見つかる婦人科の病気の中でももっとも一般的なものの一つです。

月経不順

月経の周期日数（二五～三八日）や持続日数（三～七日）が一定でないこと。また、月経血の量が極端に多かったり少なかったりすること。

月経過多

毎月の月経の出血量が多いこと。子宮筋腫などの病気が原因で起こることもあります。月経の量は三〇～一〇〇グラムとされていますが、個人差があり出血量が多いかどうかという判断はなかなかむずかしいので

しているとセックスする確率が高くなります。ピルはあくまでも避妊の薬ですから、HIVやSTDを予防するためにはコンドームが必要です。コンドームが不要なのは、お互いが決まった相手とだけつきあっていて、しかも、どちらもSTDにかかっていないと確認できているときに限ってです。

ピルには副効用といって、避妊以外によい効果がいろいろあります。

まず、月経不順《げっけいふじゅん》や月経痛、月経過多《げっけいかた》など月経のトラブルが改善されることが大きなメリットです。ピルは二八日周期で月経を起こすので月経は毎月きちんと起こります。ただし、月経不順といっても原因はいろいろです。ホルモンのアンバランスによるものは、ピルを飲んでいるうちに治っていくことが期待できますが、中には卵巣や子宮に問題があることもありますから、まず原因を確かめることが重要です。

ピルを数年飲み続けることで、卵巣がんや子宮内膜《しきゅうないまく》がん、卵巣のう腫《しゅ》のリスクが半分以下に下がることがわかっています。また、子宮内膜症の予防にもなります。

STDを予防することはできませんが、リスクを低くする効用はあります。ピルの中に含まれる黄体ホルモンは子宮の入り口の頸管粘膜《けいかんねんまく》を硬《かた》くするため、クラミ

すが、貧血になるなど生活に支障が出る、大きな血のかたまりが出るなどの場合は多いと考えていいでしょう。

子宮内膜がん

子宮の体部の内膜に発生するがんのこと。子宮体部がんともいいます。子宮の入り口付近の頸部に発生する子宮頸がんと合わせて子宮がんと呼びます。子宮内膜がんは、周期的な子宮内膜の増殖になんらかの要因が働いて、増殖の自律性が外れて異常増殖し、さらに内膜細胞ががん化したものです。

卵巣のう腫

卵巣に発生する袋状の腫瘍で、中にサラサラ、あるいはドロドロの液体が詰まっています。良性のものがほとんどです。排卵という卵巣に加

ジアなどの細菌《さいきん》が侵入しにくくなるのです。

月経の日をずらしたいときにもピルが使えます。旅行やスポーツの試合などと月経が重なりそうなときは早めに婦人科を受診して、ピルをもらいます。次の月経が始まる一カ月前、少なくとも二週間前には病院へ行くようにしましょう。

前述したように、ピルを飲むためには医師の処方箋《しょうほうせん》が必要で、処方箋なしで薬局やコンビニで買うことはできません。そこが手軽に買えるコンドームと違うところです。アメリカでは、家族計画クリニックなどに避妊の相談に行くと無料でピルがもらえるシステムもあって、日本に比べるとピルが入手しやすい環境です。

ピルを処方してもらいたいと思ったとき、いちばん行きやすいのは婦人科の専門病院や診療所です。それ以外でも、ピルのことをよく勉強している内科や小児科のお医者さんも数は少ないけれどいますから、まずは相談しやすいお医者さんをさがすことから始めましょう。

わる機械的、化学的刺激が卵巣を構成する細胞の増殖を促すのではないかという考えがあります。排卵を抑制することで卵巣のう腫や卵巣がんが少なくなるのではないかと思われます。

家族計画クリニック

アメリカなどでみられる相談機関。学校の保健センターなどに附属していることが多く、看護士や助産婦が避妊、ＳＴＤ、そのほか性についての相談を行なっている。

Q 30 ピルを使った「緊急避妊法」というのはどんなものですか？

「避妊に失敗したかもしれない」というときのためのピルがあるそうですね。どこで手にはいるのか、どういうふうに使用するのか、詳しく教えてください。

「緊急避妊法《きんきゅうひにんほう》」は、低用量ピルではなくホルモンが多く含まれている中用量ピルを使うことによって受精した卵子が着床するのを防ぎ、妊娠を避けるという、緊急の避妊法です。やむを得ず避妊できない状況だったり、避妊に失敗したりしたときに、服用することによって妊娠を防ぎます。吐き気や嘔吐《おうと》などの副作用が出ることはありますが、中絶《ちゅうぜつ》よりは心身ともにずっと負担が軽いので、多くの人に知ってもらいたい方法です。

セックス後、七二時間以内に中用量ピルを二錠、その一二時間後にもう一度二錠飲みます。服用が早いほど効果的ですから、「失敗したかもしれない」と思ったときは迷わず専門の医師に相談してください。といっても、中には緊急避妊用ピル（アフターモーニングピルともいう）の存在を知らない婦人科の医師もいます。いやな

緊急避妊ピルの相談

03-3235-2638

10時～16時、月～金

日本家族計画会

思いをしなくてすむように、ネットあるいは下記の電話で居住地の近くの診療機関を教えてもらうなど、確実なところを調べて連絡するのがいい方法です。

緊急避妊用ピルはホルモン量が多いので、一時的ですが気持ちが悪くなる、ムカムカするなどの副作用があります。嘔吐《おうと》することもありますが、薬を飲んでから二時間以上経過していればだいじょうぶ。二時間以内のときは余分にもらっている低用量ピル二錠を飲んでください。もし、再び吐いてしまったら、医師にそのことを告げてください。緊急とあるようにあくまでも非常用で、何度も利用できるものではありません。副作用があることと、有効性の点（下欄参照）、経験を忘れずに避妊のことをしっかり勉強しなおし、以後は充分に気をつけてください。

もしも、レイプの被害にあったときは、この方法を使うべきだと思います。ショックが大きくてどうしていいかわからない気持ちだと思いますが、とにかく妊娠を避ける必要があります。時間がたってしまうと効果は期待できません。サポートしてくれる機関や医師を探して、被害を最小に食い止めなければなりません（↓Q22）。

緊急避妊用ピルを使ってもSTDは避けられません。緊急避妊ピル処方と同時に、クラミジア、淋菌などの検査が必要です。HIV感染については三カ月後に改めて検査をします。

緊急避妊用ピルの避妊成功率

緊急避妊用ピルの使用で九八％の女性が二一日以内に月経があったとするデータがあります。ただし、この場合はもともと妊娠していなかった人も含まれます。性交の時期と排卵日を検討した成績では七〇～八〇％の避妊効果があると考えられています。

Q31 月経が遅れています。妊娠しているかどうか自分で調べられますか？

妊娠したとき、月経の遅れ以外に体はどんなサインを出しますか？　妊娠していたらどうすればいいですか？　心配なので、詳しく教えてください。

思い当たることがあって月経が遅れたら心配ですね。勉強や仕事が手につかない状態でしょう。

セックスをしたあと、次の月経が二週間遅れたら妊娠を疑《うたが》います。薬局やネットで売られている妊娠検査薬《にんしんけんさやく》で確かめることができます。最近の妊娠検査薬はほぼ一〇〇％正確と考えられますから、プラスだったら迷わず一日でも早く産婦人科で検査を受け、流産や子宮外妊娠などの妊娠の異常がないかどうか調べておく必要があります。異常がなく正常妊娠であれば、自分とパートナーにとって最善《さいぜん》の方法を相談しましょう。

妊娠反応は尿に排出される妊娠性のホルモン（ゴナドトロピン）が存在するか濃度によって判定します。濃度が低いとが少ないと反応が出ないこともあるので、マ

妊娠検査薬

尿検査によって妊娠を診断する方法です。女性の体は、妊娠すると赤ちゃんを育てるための機能が働きだします。胎盤の絨毛組織からゴナドトロピンというホルモンが分泌されるのもその一つ。ゴナドトロピンは、受精卵が着床してから初めて体の中でつくられ始め、分泌量がどんどん増えていきます。尿の中に排出されるので、それを検査するのです。排出量が少ないと判定がしにくいことがあるので、受精して二週間くらい

イナスの場合も安心せずに、数日おいてもう一度確認します。その間基礎体温をつけておくと、参考になります。病気で月経が遅れることもありますから、妊娠の判定《はんてい》がでなくても、月経が二週間以上遅れたら、やはり産婦人科を受診してください。

病院では妊娠の有無を調べるために、超音波検査《ちょうおんぱけんさ》、内診《ないしん》、尿検査《にょうけんさ》などの検査をします。尿検査では、妊娠検査薬と同様、尿にゴナドトロピンがでているかどうかをみます。

超音波検査は、超音波を使って子宮や卵巣の様子を見るものです。痛みや副作用はなく、患者さんにとって負担の少ない検査なので妊娠の判定や、妊娠中の胎児の様子を確認するために一般的に使われています。膣の方からの検査のほうが子宮や卵巣に近いので、はやい時期（胎児がまだ小さいうち）にきれいな画像で診断することができます。超音波検査は子宮内膜症や子宮筋腫、卵巣《らんそう》のう腫《しゅ》や卵巣がんの検査にも使われます。

膣に指を入れて調べる内診でも妊娠の診断ができます（→Q34）。

妊娠すると、次のような体の変化が起こります。

・朝起きたときにムカムカしたり、生唾《なまつば》が出たりする。

では反応が出ないこともあります。ゴナドトロピンは出産するまで分泌し続けます。妊娠していなければ普通はこのホルモンが尿に出ることはありません。

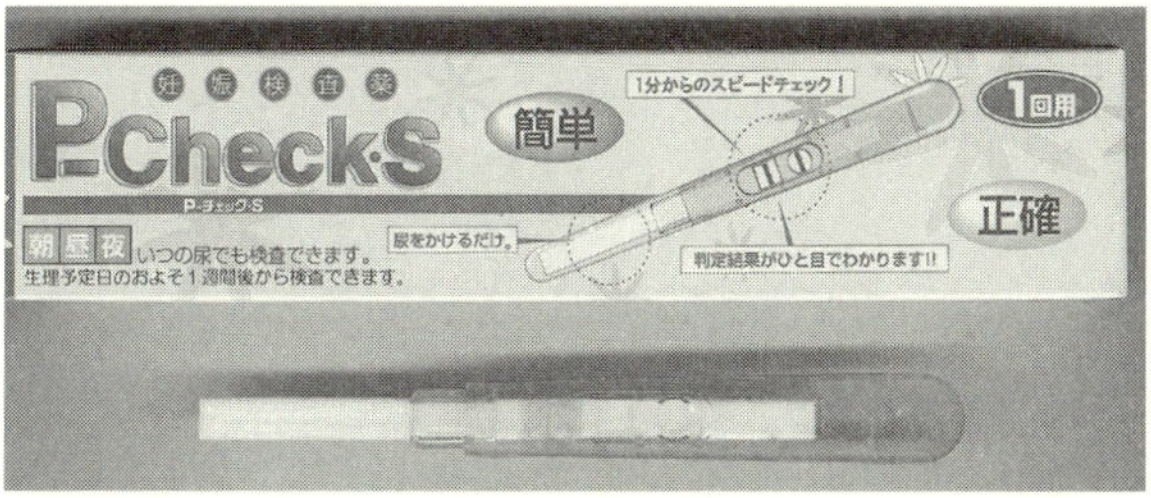

市販の妊娠検査薬。価格は1000円前後。

・乳房が張る感じになる。
・おりものが多くなる。
・疲れやすく、眠気を感じることが多くなる。
・おしっこに行く回数が増える。

しかし、たとえばつわりにしても人によって程度はまちまちで、普段と変わらないような人もいれば、入院するほど症状が重い人もいます。あくまで目安です。

Q32 何度もセックスしているのに妊娠しません。もしかして不妊症？

妊娠はまだ早い、と考えているのですが、積極的には避妊をしていません。不妊症ということもありますか？　どうしたらわかるのでしょうか？

避妊をしないセックスをしているカップルが二年たっても妊娠しない状態を不妊症といいます。避妊をしていない夫婦の八〇〜九〇％は二年以内に妊娠している、というデータから二年という期間が定められています。不妊症の頻度《ひんど》は一〇〜一五％と、他の病気に比べてかなり高い割合です。

何度もセックスしているのに妊娠しないというだけでは、不妊《ふにん》ともそうでないともいえません。妊娠はまだ早いと思っているなら、「たまたまラッキーだっただけ」なのかもしれません。以後はきちんと避妊をしたほうが賢明《けんめい》です。

排卵の時期にセックスして一回のセックスで妊娠する率はおよそ一八％くらいですが、これを一年間続けたときの妊娠率は八五％です。

これまで妊娠しなかったのは、次のような理由が考えられます。

どうして妊娠しないのか？

①排卵していない。
②セックスのタイミングが排卵と合っていない。
③精子の数が少なかったり、運動性が低い。
④卵管がつまっている。
⑤ホルモンの異常がある。
⑥子宮内膜のホルモンへの反応が悪い。

・若くてまだ排卵がない。思春期には排卵を伴わない月経がしばしばみられる。
・セックスしたときが、たまたまいつも排卵の時期とずれていた。
・精子の数が少なかったり動きが悪かったり男性側に問題がある。
・卵管《らんかん》がつまったり癒着《ゆちゃく》していたりする。

この他、子宮の形に問題がある、子宮筋腫《しきゅうきんしゅ》や子宮内膜症《しきゅうないまくしょう》、性感染症《せいかんせんしょう》などの病気があるなども理由としてあげられます。精子と卵子それぞれに問題はなくても、免疫の問題など相性が悪くて受精できないこともあります。

望んでいるのになかなか妊娠できない場合は、専門の病院で検査を受けることができます。不妊外来《ふにんがいらい》を設けている病院もあります。

不妊症の検査で、男性がまず受けるのは精液検査《せいえきけんさ》です。自宅で採取《さいしゅ》して病院へ持っていくこともできますので、本人が受診しなくても産婦人科や泌尿器科《ひにょうきか》で検査ができます。検査の結果が悪い場合は泌尿器科で精密検査《せいみつけんさ》を受けることになります。

女性の場合は産婦人科で月経周期《げっけいしゅうき》の時期に応じた検査が必要です。

不妊外来
不妊治療を専門にする診療科。大学病院の中に設けられていたり、産婦人科に併設されていたりするほか、不妊専門の病院もあります。

Q33 避妊の相談もできる病院をさがしたいのですが、どうしたらいいですか？

婦人科はやっぱり行きにくい。話しやすくてやさしいお医者さんを見つけるためにはどんな方法がありますか？　どういうところが良いのでしょうか？

「いい患者さんがいい医師をつくる」、これは私がいつもいっていることです。医者にかかるときは賢《かしこ》い患者さんになってほしいと思います。そのためにはある程度の知識と技術、それに努力が欠かせません。

いい医師を見つける第一歩として、最初に病院のことを知っておきましょう。

大学病院《だいがくびょういん》は大学に併設《へいせつ》された病院で診療科目《しんりょうかもく》が多く、検査設備《けんさせつび》もそろっています。建物が大きく施設も充実していますが、診断のむずかしい病気、治療に特殊《とくしゅ》な方法を必要とするなど、高度な医療知識や技術を必要とする疾患《しっかん》を見ることを大きな目的としています。現在は、まだこの役割分担を医療者も受診する人も十分理解していないために、大学病院がすべてについてよい医療を提供《ていきょう》すると思われています。そのために、患者さんが多くて待ち時間が長く、しかも診察時間《しんりょうじかん》は短いといっ

大きな大学病院（イメージ画像）

た欠点があります。決まった医師にかかりにくいというのも患者さんにとってはマイナス面です。

内科、外科、産婦人科というように専門によって診療の科目がわかれているのが総合病院《そうごうびょういん》。総合病院も混んでいることが多いですね。

町にある産婦人科の多くは診察に当たるお医者さん自身が経営者で、入院のための設備はないか、あってもそれほど多くなく、気軽に診察を受けられるというメリットがあります。最近は婦人科、あるいはレディースクリニックといった名前で、出産を扱わず、女性の体の心配事に対応しようという医師や診療所が増えています。

どの医療施設にもそれぞれにプラス面とマイナス面があり、どこがいいかは一概《いちがい》にはいえません。婦人科に限りませんが、通いやすく、相談しやすいというのが大きな条件。近所の病院の医師を主治医《しゅじい》に持ち、専門の治療が必要なときは主治医から大きな病院を紹介してもらうのが、患者さんにとっていちばん安心な方法ではないかと私は考えています。

医療施設をさがすための情報集めは、本やネットなどさまざまなものがありますが、情報が多すぎたり、情報の質がわからなかったりするために、選択をむずか

街で見かける産婦人科（イメージ画像）

しいものにしています。

確かなのは、通院している（通院していた）人から話を聞くことです。これなら、どんな医師なのか、どんな治療が受けられるのかを、よく説明してもらえるので、かなり正確なことがわかるはずです。

知り合いに医師、看護師、検査技師《けんさぎし》、薬剤師《やくざいし》といった医療《いりょう》スタッフがいれば、情報を集めてみましょう。友だちの知り合い、というようにアンテナを張りめぐらせば、見つかる可能性は意外とあります。

候補《こうほ》があがったら電話をかけてみましょう。診療所なら受付の人に、大きな病院なら総合案内で聞きたいことを尋ねてみます。複数の病院に電話をかけてみると差が明らかになることもあります。「女医さんを希望しているのですが」「避妊の相談をしたいのですが」と、具体的に聞くのがポイントです。

診察で肝心《かんじん》なのは「あなたがどれだけ納得して診察を受けられたか」です。こちらの話をよく聞いて病気のことをわかりやすく説明してくれ、疑問や不安にきちんと答えてくれる医師ならまずだいじょうぶ。

専門用語で一方的に説明する医師、話もそこそこに「内診台《ないしんだい》に上がって」という医師、ピルを処方してもらおうと思ったのに問診《もんしん》もそこそこに検査をすすめる医

保険診療と自由診療
健康保険に入っていると、診療を必要とする病気にかかる診療費の三割くらいの費用を負担するだけで診療が受けられます。これに対して全額を負担するのが自由診療です。正常な妊娠出産にかかる費用、歯列矯正、健康診断、カウンセリングなどは自由診療になります。

自由診療では経済的な個人負担は大きくなりますが、予約診療で待ち時間が短いこと、時間をかけて診療や説明を受けられることなどのメリットがあります。薬も自由診療では必要に応じて三カ月分くらいまでは渡すことができます。忙しい人、遠方の人にはこの点もありがたいことでしょう。

師、どの医師も信頼できません。そんなときは、「今日はもういいです」とこちらから断って帰ってきましょう。

ここ数年、女性をめぐる医療は格段に充実しました。思春期外来や更年期外来を開設する病院や、女性の生涯《しょうがい》の健康づくりを積極的にサポートしようとする施設が増えてきました。女性の体の不調や悩みを相談しやすいところは確実に多くなり、心強い限りです。婦人科のホームドクターは女性のさまざまな節目《ふしめ》で頼れる存在。いい医師を見つけてください。

医療を担当する専門家の悩みは、評判がよくなると受診・診療する患者が増えて外来が混雑し、患者さんを待たせる時間がひどくなってしまうことです。

それがいやで、予約制の診療所を開院した医師もいます。

診療行為を行うとき、とくに産婦人科では受診者や相談者の体に触れることが多く、採血や放射線《ほうしゃせん》を使った検査もあります。「このような診察をします」「診断のために○○の検査が必要です」とこれから何をするのか、なぜするのか、どのようなマイナスがあるか、また、やらない場合のマイナスは何かなどを説明し、了解《りょうかい》を得るのが診察の手順《てじゅん》です。これがインフォームドコンセントです。

しかし、体調不良や妊娠で医療機関を受診する人は、とくに詳しく説明しなく

セカンドオピニオン

セカンドオピニオンは、ほかの医者の意見を聞いてみることを指します。最初の医者の診断や治療方針が納得できない、自分の意見を整理するために別の医者の意見を聞いてみたい、と思うときなどに活用できます。

セカンドオピニオンを求めるときに大事なのは、それまでの経過をきちんと話すことです。「こういう検査をしましたが、この点が納得できなくて伺いました」と伝えられるように、これまでの経過をまとめておくといいでしょう。また、それまでの検査データや診察経過はこれまで見てもらっていた医者に文書にしてもらうことができます。これは患者の権利です。費用は「診療情報提供料」として社会保険から支払われ、患者も費用の一部を負担していま

ても治療の内容は理解しているはず、という前提《ぜんてい》のもとにインフォームドコンセントの手続きを省略《しょうりゃく》している場合も多くあります。一人の患者さんに多くの診察時間をとれない現実ではどこまで説明できるかはむずかしいところですが、少なくとも体にメスを入れる、なんらかの副作用があるといった場合はインフォームドコンセントが必要条件です。

す。作成するためには少し時間がかかりますから、ゆとりをもって依頼するのがいいでしょう。

自分と意見が合わないから医師を変えるのではなく、体の状態をよりよく理解して、どうすればよいのかを考えるのがセカンドオピニオン（あるいはサードオピニオン）を求めるということです。

Q34 婦人科に行くときはどんな準備をして行けばいいですか？

婦人科ではどんな診察をされるのでしょうか？　どんな準備が必要？　内診は必ずされるのでしょうか？　初めてなのでどうしたらよいかわかりません。

病院を受診するとたいていの場合、最初に問診表《もんしんひょう》を渡されます。診察がスムーズにできるようにできるだけ具体的《ぐたいてき》に書きましょう。婦人科では、月経や出産、流産や中絶の有無なども大事な情報です。最終月経はいつか、周期は何日くらいか、月経にまつわるトラブルはあるのかないのか、流産《りゅうざん》や中絶の経験はあるのかないのか、そして、現在の状態がいつから始まってどのように変化しているかなど、聞かれたときにすぐに答えられるように簡単にメモして持っていくとよいでしょう。

受診までに日数があるなら、基礎体温《きそたいおん》をつけてみてください。一カ月まるまるつけていなくても参考になります。薬局で売られている婦人体温計ではかって所定の記録用紙に記入してあれば医師は見やすいですね。

内診《ないしん》は膣から骨盤内《こつばんない》の臓器（とくに子宮と卵巣）を検査することです。だれでも、

受診メモ

初月経○○歳　　○日～○日型
最終月経　○月○日～○日間
月経痛　（＋）（－）
　どんな痛み（○○○○○○）
結婚　○○歳
　パートナー（±○歳）
妊娠　○回　　　出産　○回

何度経験しても緊張《きんちょう》するようです。「内診があるから婦人科には行きたくない」という声をよく聞きますが、医師の側からいうと内診で実に多くのことがわかります。といっても、受診したすべての人に内診が必要とは限りません。内診を受けるのであれば、説明してもらって納得してから受けましょう。

内診を受けるときは下半身《かはんしん》の下着をはずし、内診台《ないしんだい》に上がります。足を開いて足の裏を受け皿のような台に乗せ、立てひざの姿勢で仰《あお》向けに寝ます。これは女性にとってかなり抵抗がある姿勢です。フレヤーなどゆとりのあるスカートなら下半身がむき出しにならないので、気持ちが少し楽になるかもしれません。

内診は気が重いことですが、ほんの数分ですみますから、できるだけリラックスしてください。ひざを外側に倒すようにして肩の力を抜き、大きく腹式呼吸《ふくしきこきゅう》をすると足やおなかの力が抜けて診察がしやすくなります。内診が予想されるときは脱ぎ着のしやすい服と着脱の楽な靴がおすすめです。

内診は最初に外陰部の発育の状態、おりものがあるかどうか、炎症《えんしょう》などを起こしていないかを調べます。これを視診と呼びます。

私は若い人の内診をするとき、ついでに「これが大陰唇《だいいんしん》、その内側が小陰唇《しょういんしん》、これらが奥の大事なところをカバーしているのですよ。いちばん上にあるのがクリ

こんなときは婦人科を受診

・セックスのあと月経の予定日より遅れている
・セックス経験はないのに二カ月以上も月経がない
・月経のときの痛みが以前よりひどくなった
・月経が一〇日以上続いている
・月経の出血が多い
・避妊に失敗した可能性が高い
・おりものが多い、においがある
・性器がかゆい
・避妊の相談をしたい

おりもの検査などでわかること

おりものは内診のときにピンセットでとって、顕微鏡で見たり、培養してから調べたりします。カンジダ(カビの一種)が原因で腟に炎症を起こしているときやクラミジアなどのSTDはおりものから犯人を突き

トリスといって性的に敏感なところ」という具合に体のことを知ってもらうように話をします。

視診《ししん》がすんだら、膣の中に指を一本あるいは二本入れて中の状態をみます。おなかの上にもう一方の手をのせて、子宮の大きさ、傾き具合、癒着《ゆちゃく》や炎症の有無などを調べます。この内診《ないしん》で筋腫《きんしゅ》や内膜症《ないまくしょう》があるかどうかもわかります。次に、前後につぶれた状態の膣の内部を膣鏡《ちつきょう》で広げて観察します。聞くとおそろしい感じがしますが、その人に合うサイズの膣鏡を使いますから痛くはありませんが、痛みを感じたら遠慮《えんりょ》しないで医師に伝えてください。必要があれば、おりものや細胞の採取をします。子宮の入り口にドロッとした透明できれいな分泌物があれば、排卵期《はいらんき》が近いから避妊するのであれば気をつけるのよ、と話したりします。内診で妊娠もわかります。このように内診だけでも多くのことがわかるのです。

内診台に上がって待たされそうなときは、横座りで待っているとか、スカートで隠すとか、バスタオルを借りてかけておくなど考えます。できるだけ緊張しないように……。緊張すると体が固くなっていて内診がしにくいのです。

顔色や肌の荒れを見るのも重要なことなので、診察を受けるときは薄化粧《うすげしょう》で行ってください。

止められます。血液検査では貧血の有無やホルモンの状態を知ることができます。HIVやヘルペスなどの性感染症はウイルスの有無を検査して診断します。

子宮がんの検査は、がんのできやすい子宮の口や子宮内腔を綿棒や小さなへらのようなものでこすってとれた細胞を顕微鏡で調べます。

横からみた女性の性器

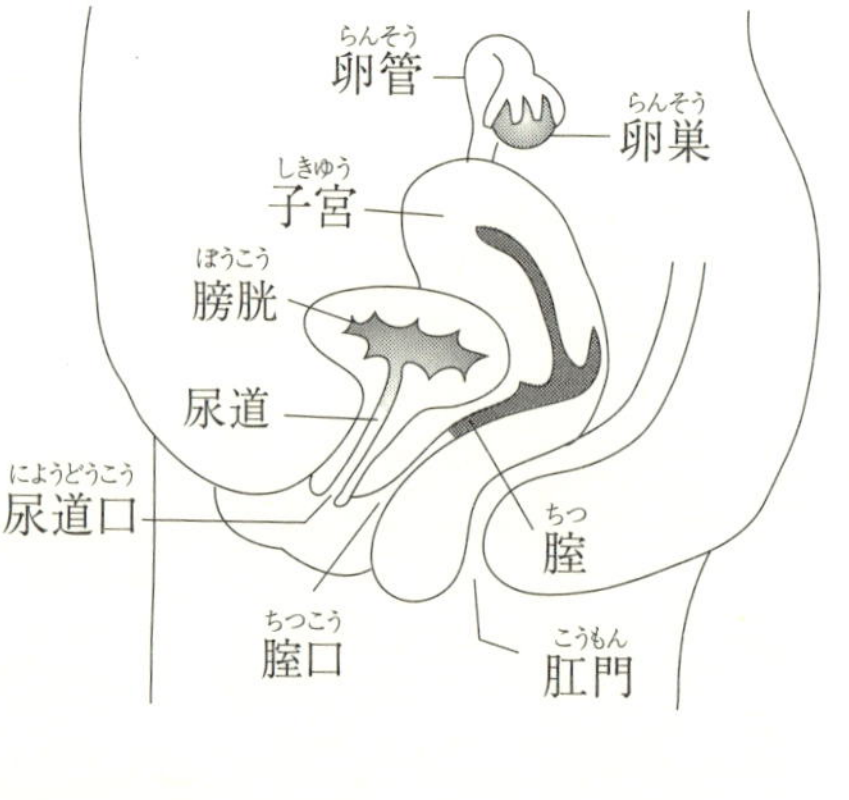

Q35 中絶手術について教えてください

できればしたくないけれど、産めない妊娠をしてしまったときの最終手段はやはり中絶手術でしょうか？　手術の費用はどれぐらいかかるのですか？

月経が遅れている、心当たりがある、妊娠検査薬《にんしんけんさやく》でプラスだった、という場合はできるだけ早く、病院に行くことです。「困ったな〜」などとぐずぐずしていると、人工妊娠中絶手術《じんこうにんしんちゅうぜつしゅじゅつ》（以下中絶手術）のできる時期を逸《いっ》してしまうことがあるからです。

覚えておいてほしいのは、中絶手術ができるのは妊娠二一週六日（妊娠六カ月の半ば）までということ。これは「母体保護法《ぼたいほごほう》」という法律で決まっています。妊娠の週数の数え方は最終月経《さいしゅうげっけい》を基準にして数えます。つまり、いちばん最近にあった月経の第一日目がスタート日です。その日から何日、あるいは何週何日と数えます。だから、くるはずの月経が来なかったら、そこでもう妊娠四週（妊娠二カ月の初め）、ということになります。

母体保護法

公布されたときは優生保護法でしたが、一九九六年に母体保護法と名称が変わりました。法律の目的の第一条に、「この法律は、不妊手術及び人工妊娠中絶に関する事項を定めること等により、母性の生命健康を保護することを目的とする」とあります。

経口妊娠中絶薬・ミフェプリストン

ミフェプリストンは妊娠が継続するために必要な黄体ホルモンの作用を止め胎児を死亡させ、流産に進行することを期待する薬です。子宮収中絶手術は、妊娠一一週（妊娠三カ月末）までを初期中絶、それ以降二二週（妊娠六カ月半ば）までを中期中絶といいます。胎児《たいじ》が大きくなるため、妊娠中絶する方法が異なるので区別しているのです。初期中絶は日帰りでも処置ができますが、中期中絶になると四〜五日の入院が必要になり、母体への負担《ふたん》が大きくなります。

妊娠二二週になると、母体から出ても生命を保持する力が強くなるので、人工妊娠中絶を行ってはならないと母体保護法で決められています。

初期中絶は、静脈麻酔《じょうみゃくますい》をして患者さんが眠っている間に、子宮の入り口をひろげて内容物を掻き出す掻爬《そうは》という方法でできます。掻爬の時間は一〇〜二〇分ほどで、二、三時間たって麻酔が覚めてフラフラしていなければ帰ることができます。

胎児が大きくなって掻爬できない中期手術になると、薬で陣痛《じんつう》を起こして人工的に流産させる方法をとります。子宮口を広げたり、陣痛を起こしたりするため、三〜五日の入院が必要です。そして、妊娠一二週以降の胎児は法律上埋葬《ほうりつじょうまいそう》することが決められています。

このように、初期中絶と中期中絶では本人への負担はもとより、手続きのうえでもいろいろと大変です。少しでも早く受診して、という意味がわかってもらえたでしょうか。

縮を促す薬とセットで使うのが普通です。欧米では認可されていますが、日本では承認されていない医薬品で、譲渡や販売は薬事法で禁止されています。しかし、実際には個人輸入され、一部で使われています。

膣からの出血や重大な感染症等の可能性が知られており、欧米でも医師のみが処方できる医薬品とされ、国によっては医師が内服を確認することが決められています。すなわち、内服後の医学的管理が大切なのです。インターネットを通じて販売されることは認められていません。

わが国では個人輸入で自分が使用した場合でも堕胎罪に問われます。

中絶手術の同意書

国によっては妊娠の継続出産は女性の生活、健康に大きな影響を与えるので、女性の意志で決めていいとする考え方もあります。また、一〇人工妊娠中絶手術は保険がきかないため自費診療になり、初期手術で約一五万円、中期手術で約三〇万円の費用がかかります。手術は「母体保護法指定医《ぼたいほごほうしていい》」と法律で指定された医師のいる病院、診療所で行います。指定医でなければ手術はできません。指定医でない医師が手術を行なうと、医師も中絶した人も刑法の堕胎罪に問われることになります。

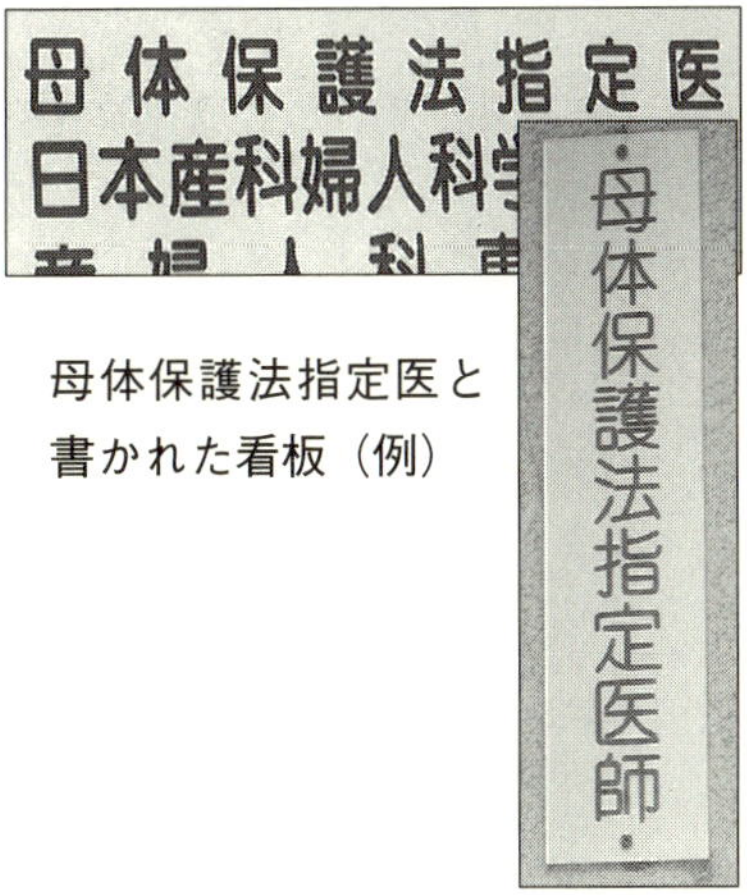

母体保護法指定医と書かれた看板（例）

妊娠周期の数え方

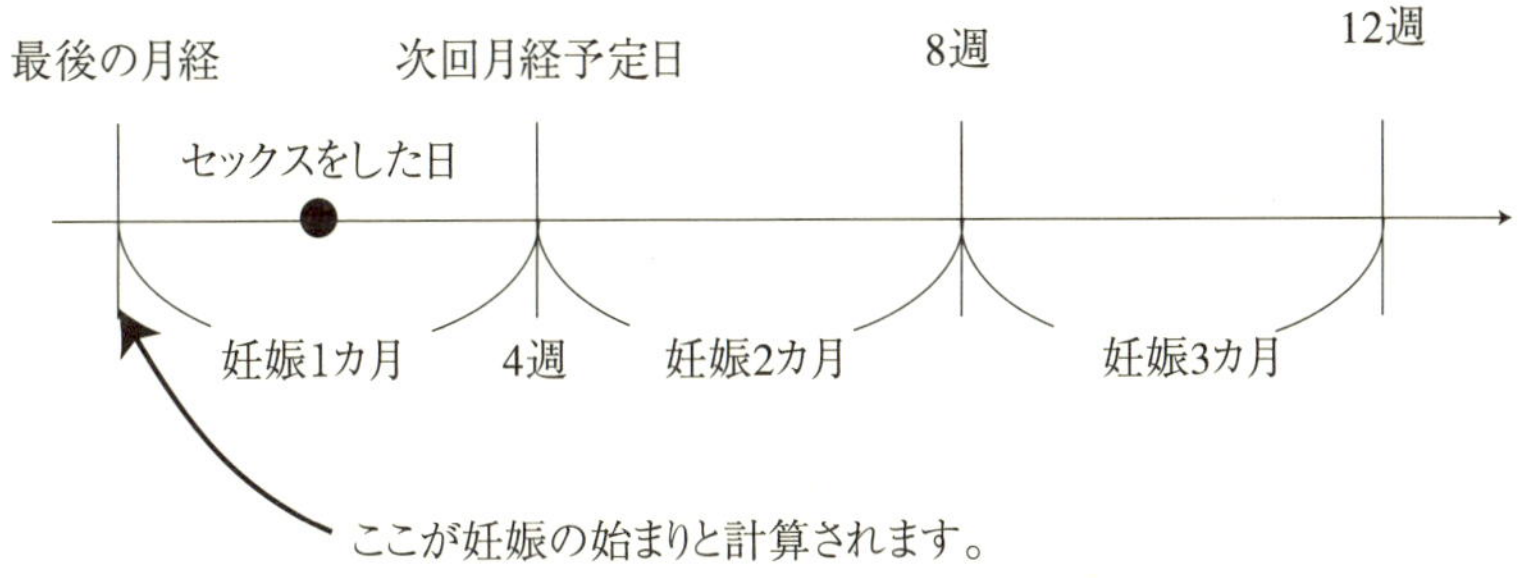

代の女性の場合に親の同意が必要かについては、手術することによる健康への影響については一五歳を越えれば判断できるので親の同意は不要とする考えと、一方、成人に達するまでは親の保護責任があるので親の同意が必要という、両方の考えがあります。

日本では、成人していてもパートナーの同意書がいります。妊娠は男性と女性によって成立するものですから、中絶するには両者の同意が必要というのが、その理由です。

刑法第二九章第二一二〜二一六条堕胎の罪

罪に問われるのは、①妊娠している女子が堕胎した場合、②女子の嘱託を受け又はその承諾を受けて堕胎させたもの、③医師・助産婦などが業務上女子の嘱託を受け又はその承諾を受け堕胎させたものなど。

Q36 中絶手術をすると体に傷が残りますか？

中絶手術は盲腸のような手術ではなさそうですが、体に切ったり縫ったりするあとは残るのでしょうか？　不妊になる危険があるというのは本当でしょうか？

中絶手術はメスやはさみで切るような手術ではないので、縫《ぬ》った傷が残るということはありません。しかし、体に影響がないわけではありません。手術後数日は出血《しゅっけつ》が続いたり、子宮収縮剤《しきゅうしゅうしゅくざい》のせいでおなかが痛んだり、感染のために熱が出たりお腹が痛くなったりすることもあります。ただし、出血はだんだん少なくなっていき、普通は一週間ほどで止まり、次の月経周期に入ります。

二度と妊娠できなくなるなどという後遺症《こういしょう》はまれですが、経過が悪いと流産《りゅうざん》や早産《そうざん》を起こしやすい体質になったり、子宮外妊娠《しきゅうがいにんしん》の心配が生まれたりしますから、手術が終わったからと安心せずに、術後《じゅつご》も指定されたとおりに静かにしていること、診察を受けることが大切です。

そのような身体的なこととともに、精神的な影響も無視できません。「好きな人

子宮収縮剤

陣痛を強める薬です。予定されているよりも早く陣痛を起こし、促進させるのが目的で投与されるため、腹痛などの副作用が出ることもあります。子宮内感染の可能性があるときなどに使われます。

す。

「好きでもない人の子どもを妊娠してしまった」などのしこりは、意識的にせよ、無意識にせよずっと心に残ることがありうるのです。

最近は子宮内妊娠であることを確認するために、ほぼ一〇〇％超音波検査を行います。この検査では妊娠八週の超音波画像で一五ミリくらいの胎児と心臓の鼓動を見ることができます。そのため、それを中絶したことは本人にとって重い事実となってしまうこともあるのです。

だれにとってもそうですが、若いとなおさら中絶は重い経験になるため、中絶のあと精神的に不安定になる女性は珍しくありません。

妊娠の継続を無理にすすめることはできません。生まれてくる命がよい環境に生まれてくるのが望ましいと思うからです。中絶するかどうかというときは、よく考え、納得《なっとく》した上で、あなた自身の意志で決断することです。充分《じゅうぶん》に考えたうえでの決断は、自分の意志を後悔《こうかい》しないことにつながります。私は手術の前後、必ず患者さんとゆっくり話をするようにしています。責めるためではありません。同じことを繰り返さないために、どうして妊娠をしたのだろう、どこが悪かったのだろうと、しっかり考えてほしいのです。

人工妊娠中絶手術後の排卵

手術後にまず排卵が起こり、その二週間後に月経が始まります。したがって手術後のセックスは避妊が必要です。

それと、気をつけてほしいのが、手術後のセックス。手術の経過がよければ、二～三週間後には排卵《はいらん》は起こります。中絶後のセックスでまた妊娠、という場合もありますから、充分に注意が必要です。一般的には手術後三〇～四〇日くらいで月経が始まります。

中絶は一度でたくさん。回数が増すほど後遺症の危険が大きくなります。やむをえず選択しなければならなかった手術を一つの経験として、自分の体を守る力にしてもらいたいと思います。

年齢階級別人工妊娠中絶構成割合（%）

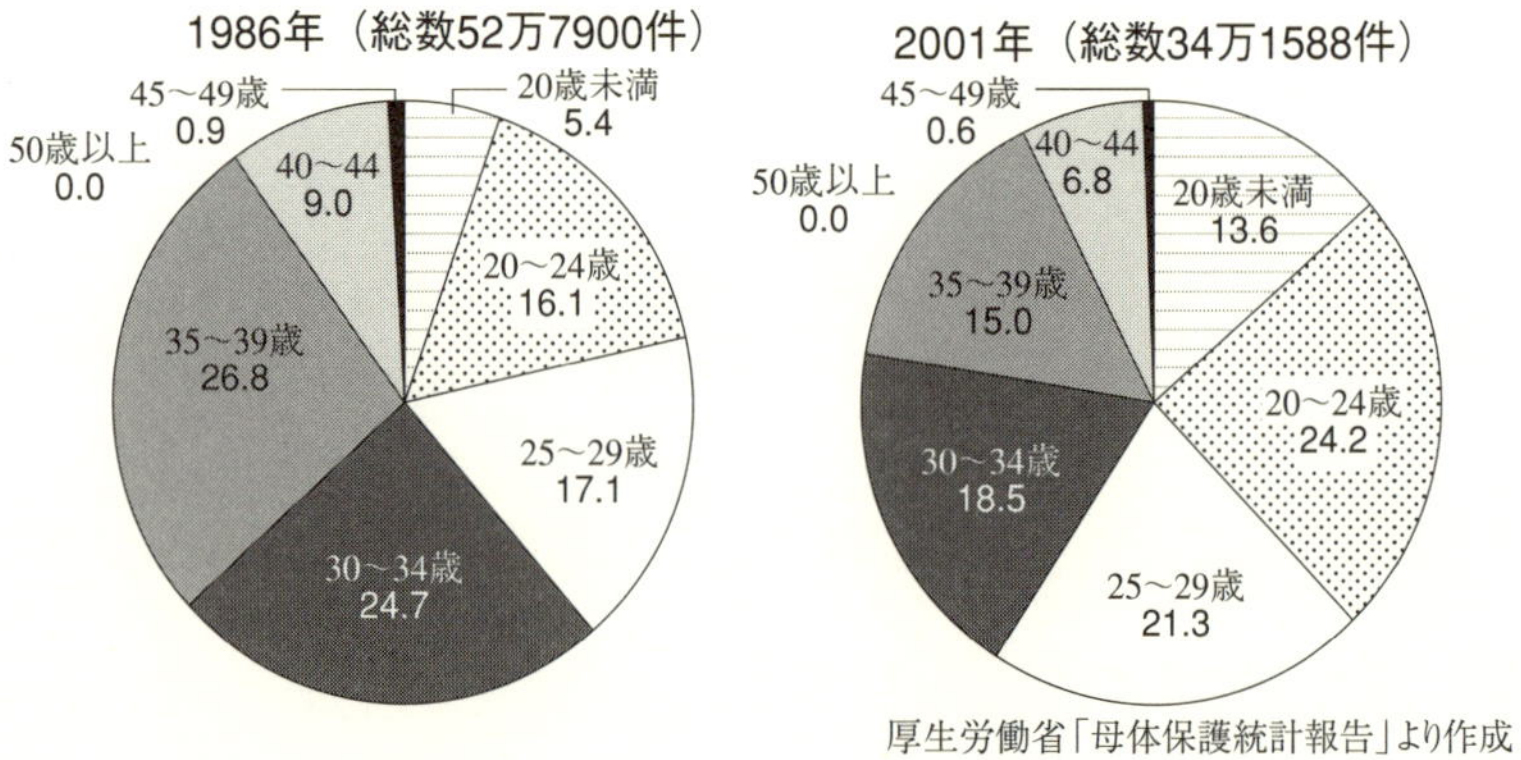

厚生労働省「母体保護統計報告」より作成

プロブレムQ&A

Ⅵ

STDとエイズ

Q37 STDにはどんなものがありますか？

セックスでうつる病気はいろいろあるのですか？ 日本でも増えているといわれているエイズもSTD？ 他にも、どんな病気があるのか教えてください。

セックスによって人から人へうつる病気STD（性感染症《せいかんせんしょう》）は二〇種類以上あり、エイズもSTDの一つです。原因となる病原体は、細菌《さいきん》、ウイルス、原虫《げんちゅう》や寄生虫《きせいちゅう》などの微生物《びせいぶつ》などいろいろです。日本だけでなく、世界中で増加しているため大きな問題になっています。ここではSTDの一般的な事柄を紹介しておきます。詳しくはQ38、Q42も見てください。

STDは症状《しょうじょう》が軽いためにかかっても気づかないものから、エイズのように命に関わるものまでさまざまで、治療《ちりょう》によって治せるものと治せないものがあります。治せるものは細菌や寄生虫によるもので、クラミジア感染症《かんせんしょう》、トリコモナス腟炎《ちつえん》、梅毒《ばいどく》、淋病《りんびょう》（→Q38）などです。

治せないSTDはウイルス性のものが多く、その代表はエイズです。B型肝炎

B型肝炎

B型肝炎ウイルスが原因で肝臓の細胞に長年にわたってウイルス感染が持続し肝臓の細胞を破壊する病気。C型肝炎ウイルスによって起こるのがC型肝炎で、どちらもほとんど症状がないのが特徴です。六カ月以上肝臓の細胞の破壊が続くと慢性肝炎と呼ばれます。肝硬変や肝がんの原因になることがあります。

や性器《せいき》ヘルペスも完治はしないものです。

ＳＴＤは、風疹《ふうしん》などのように免疫《めんえき》によって再感染《さいかんせん》を防ぐことができないため、注射や飲み薬などによる予防の方法がありません。ＳＴＤが広がる一因《いちいん》はここにあります。また、症状が現れるまでの潜伏期が長いものや、症状が軽いためうつっていることを自覚できないものがあることもＳＴＤ蔓延《まんえん》のもう一つの原因です。

更に注意しなければいけないのは、フェラチオ、クニリングスなどにより、口腔《こうくう》、咽頭《いんとう》、呼吸器《こきゅうき》などへの感染です。

ＳＴＤの治療を受けるときは、症状がなくても必ずパートナーも一緒に治療をしなければなりません。

現在、特に若い人の間では、クラミジア感染症が目立って増えていて、一〇代の感染率は一〇～二〇％にもなっています。クラミジアは感染力が強く、一回のセックスでうつる確率は淋病（三〇～五〇％）と同じ程度と考えられています。感染力の弱いエイズ（〇・一～一・〇％）の数十倍の感染率です。しかも症状がはっきりしないことが多いのです。またクラミジア感染症や淋病などの菌に感染していると、エイズに三～四倍も感染しやすくなることがわかっています。

妊娠すると、その初期に血液でさまざまな病気をチェックするのですが、そのとき初めてSTDが見つかることがあります。たとえば梅毒。独身時代に感染していたのを気づかないまま、夫が妻にうつしてしまうケースです。梅毒は、昔はもっともおそれられていたSTDで、治療薬が開発されたあと病気が治る率が高くなり、一時は「過去の病気」と思われていたのですが、最近、二〇代を中心に新しい感染が見られるようになっています。早期に発見すればペニシリンなどの抗生物質《こうせいぶっしつ》で治りますが、症状が進むと完全に治ることは困難になります。

淋病感染も若い女性で増加傾向にあります。お風呂場やタオルをとおして子どもに感染すると言われていましたが、二酸化炭素の少ない通常環境では生存できず、人から人への感染が主です。

性器ヘルペスも増えています。特効薬《とくこうやく》があり、内服《ないふく》と軟膏《なんこう》で急速に症状はよくなりますが、ウイルスを退治することはできません。体内に潜《ひそ》んでいて多くの人でたびたび再発《さいはつ》します。ただし、再発では症状は軽くてすみますから、再発のつど抗ウイルス剤を内服し、そのうちに再発しなくなるのを待つしかありません。男性では八〇%の人に自覚症状がないため、ヘルペスウイルスをもっているのを知らずにパートナーを感染させてしまいます。

尖圭《せんけい》コンジローマはウイルスが原因で起こります。特に二〇代の報告が増加し

性感染症報告数の年次推移

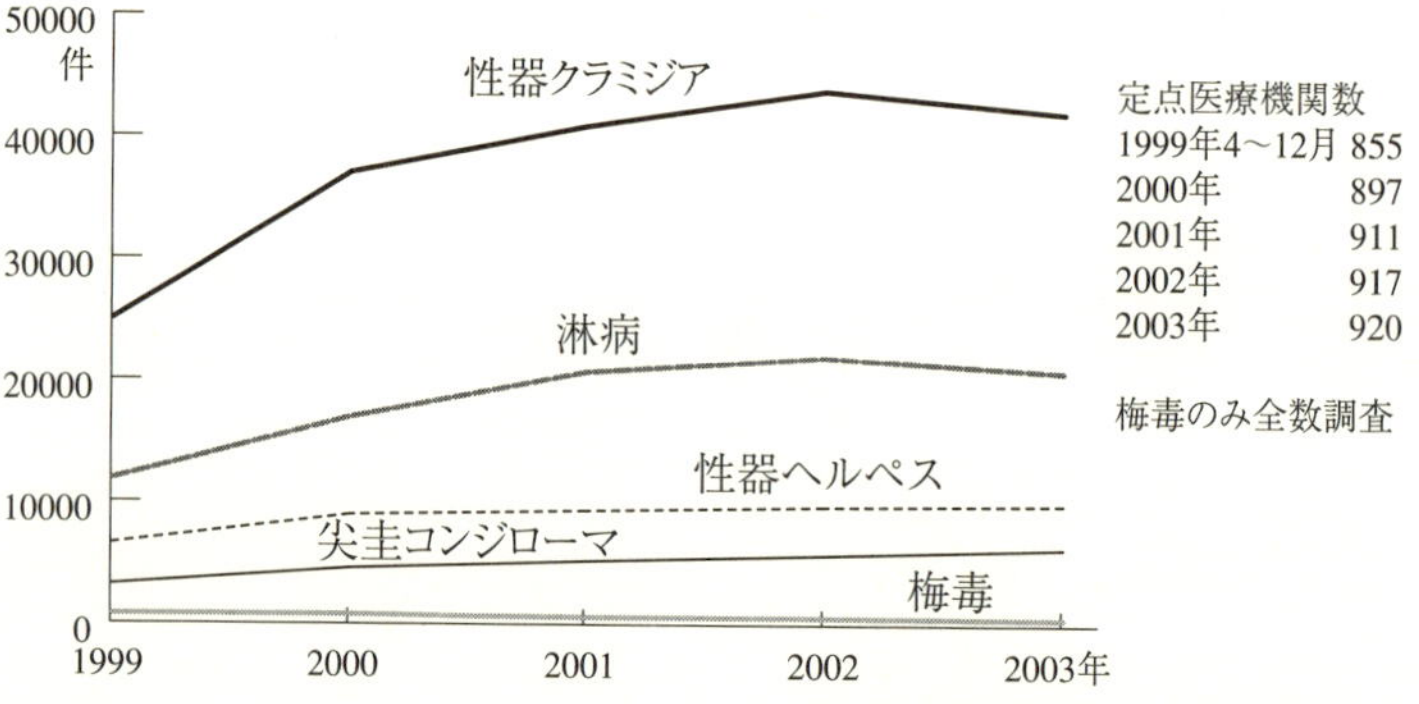

厚生労働省「感染症発生動向調査」より作成

ています。この病気では、ほかのＳＴＤにかかっていることが多いのが特徴です。長期間放置しておくとがんになることがあるといわれています。

イボ状の小さな突起の原因であるウイルスは、ヒトパピローマウイルスというグループに属するもので、九〇種類近くのタイプがあります。このうちのあるものはイボを作るというわけですが、そのうち高リスク型のヒトパピローマウイルが子宮頸がんの発生と関わりが深いことがわかっています。子宮がん健診を以前のように三〇歳以上と限定せず、年齢に関わらず性交経験のある人に拡大したのはこのためです。子宮頸がんは健診の有効性が高いがん健診のひとつであることがわかっています。

私は若いときから性交の経験のある人、あるいはパートナーの多い人には、よく説明して子宮頸がんの検査をすすめます。知らないでがんが進行していて、子宮を全部とるということになったら大変です。現段階では、健診を受ける事を薦めるのは私たち医師の役割だと思っています。

トリコモナス症はトリコモナスという小さな原虫が病原体。他の性感染症に比べ各年齢層に見られる特徴があり、無症状のパートナーからの感染や、タオル、便器、浴槽、検診台をとおしての感染が知られています。

カンジダ症はカビの一種であるカンジダ菌によって起こる病気です。カンジダが検出されても症状がない場合が多く、症状のある一五〜二〇％が治療対象です。性交感染はその五％くらいとされています。

これらのＳＴＤの詳細《しょうさい》は次の項目で、エイズについてはQ42で詳しくお話しします。

Q38 ＳＴＤにかかるとどんな症状がでますか？

ＳＴＤはうつるとすぐに症状が出ますか？　その症状は男性と女性では違うのですか？　どんな種類があって、どんな症状なのでしょうか？

ほとんどのＳＴＤは、感染《かんせん》しても症状がでない時期があります。この時期を潜伏期間《せんぷくきかん》と呼びます。日数はＳＴＤによってさまざまで、人によっても期間の長さは異なります。一日というものもあれば、エイズのように年単位のものもあります。この無症状《むしょうじょう》の時期に、パートナーにうつしてしまうことが多いのです。これが、Ｑ37でお話ししたように何度でもうつること（再感染）とともに蔓延しやすい理由です。また、男性、女性によって感染しているときの症状に違いがあるのも特徴です。

たとえばクラミジア感染症では潜伏期を過ぎてもあまり自覚症状《じかくしょうじょう》がないまま、静かに進行します。男性の場合は少し残尿感《ざんにょうかん》がある、あるいは尿道からの分泌物のために下着が汚れるなどの軽い症状でおさまってしまうこともあります。「変だな」

膣炎

普通、膣内は乳酸桿菌《かんきん》によって強い酸性に保たれているため感染は起こりにくい環境になっています。しかし、抵抗力の低下などなんらかの原因によって乳酸桿菌が減少したり消失したりすると、病原微生物が侵入して炎症を起こします。これが膣炎です。炎症を起こす代表的な病原微生物はトリコモナスなどの原虫や、カンジダなどの真菌（かび）です。

外陰炎

外陰部に起こる炎症の総称。外陰

と思うくらいで放っておくと、静かにじわじわと症状が進んでしまいます。
以下は、ポピュラーなＳＴＤの症状と治療法です。

クラミジア感染症

＜潜伏期間＞　一～三週間

＜症状＞　女性の初期症状《しょきしょうじょう》ではおりものが増えたり、変なにおいがしたりする程度。進行すると、腟炎《ちつえん》や外陰炎《がいいんえん》、膀胱炎《ぼうこうえん》になり、炎症《えんしょう》が子宮や子宮の内側をおおっている粘膜まで広がると子宮内膜炎《しきゅうないまくえん》を起こし、月経痛のような痛みがでることもあります。さらに腹膜炎《ふくまくえん》を起こしたり、卵管がふさがって子宮以外の場所で胎児が育つ子宮外妊娠《しきゅうがいにんしん》の原因になったり、不妊症《ふにんしょう》になったりもします。

生まれてくる子どもに影響を及ぼす心配もあります。赤ちゃんを包む卵膜《らんまく》が母体に潜んでいたクラミジアに感染すると破水しやすくなり、破水《はすい》すると流産、早産になってしまいます。あるいは、赤ちゃんが産道《さんどう》を通って出てくるときに、クラミジアの病原体に触れると、肺炎《はいえん》や髄膜炎《ずいまくえん》になることもまれには起こります。

男性の初期症状も排尿時《はいにょうじ》の不快感《ふかいかん》や軽い痛み程度。気がつかないことがあるのが、急速に蔓延《まんえん》した原因です。しかし放っておくと尿道炎《にょうどうえん》から睾丸炎《こうがんえん》にまでなるこ

はおりもの（腟からの分泌物）や尿や便で不潔になりやすいところですが、卵胞ホルモンの影響で細菌などに対する抵抗力は強く保たれています。幼児や高齢者、妊婦は抵抗力が弱いので、炎症が起こりやすくなります。

膀胱炎

ほとんどは細菌の感染によって膀胱の粘膜に炎症が起こる病気で、とくに女性は尿道が短いために膀胱炎を起こしやすいのです。

髄膜炎

脳と脊髄は脳脊髄膜という一つの膜でできた袋の中の脳脊髄に浮いた状態で保管されています。この膜にウイルスや細菌の感染によって炎症が起こるのが髄膜炎です。頭痛、発熱、痙攣などの強い症状を示すことがあり、後遺症が残る場合もあります。

とがあり、痛みが強くなったり、精子が少なくなって不妊症になる可能性もあります。

＜治療法＞

抗生物質が有効（初期は飲み薬や注射など）。

淋病

＜潜伏期間＞　二〜七日

＜症状＞　女性では、黄色いうみのようなおりものが出ます。でも、クラミジアと同様、自覚症状が少ないことも多く、放っておくと菌がバルトリン腺の中や子宮内に進入し、バルトリン腺炎《せんえん》、子宮頸管炎《しきゅうけいかんえん》、卵管炎などを起こします。おりものの増加や、下腹部《かふくぶ》の違和感・痛みを感じるようになり、卵管炎ではとくに強い下腹痛を起こします

男性では尿道炎の症状がもっとも多く、尿道口から黄色のうみが出て、排尿のときに強い痛みがあるのが特徴。前立腺《ぜんりつせん》の炎症を起こすこともあります。男性でも女性でも全身に感染してしまうと、関節炎《かんせつえん》、心臓病《しんぞうびょう》、肝炎《かんえん》など重い病気を起こします。

バルトリン腺炎

バルトリン腺は膣口の両側にある分泌腺で、性的に興奮すると粘液を分泌します。菌によって感染し、炎症を起こした状態がバルトリン腺炎です。

子宮頸管炎

子宮の入り口にあたる子宮頸管に感染が起こること。クラミジアによる頸管炎は無症状であることが多く、STDの広がりの原因の一つになっています。

卵管炎

卵管に起こる炎症。子宮頸管が病原体に感染すると卵管にも炎症が及ぶことがあります。症状は腹膜炎より強い下腹痛、発熱を起こすのが普通ですが、症状が軽度で病気に気づかずにいると卵管の通りが悪くな

分娩《ぶんべん》時の胎児への感染で淋菌性結膜炎を起こします。この予防のために出生時に抗生物質の点眼が行われます。

＜治療法＞　抗生物質が有効ですが病気が進むと治療が困難に。また、最近は抗生物質が効かない耐性淋菌《たいせいりんきん》が増加しつつあり、治療に苦労することがあります。

梅毒

＜潜伏期間＞　一〇～九〇日

＜症状＞　感染から三週間くらいして性器《せいき》にしこりができますが、このときは痛みもかゆみもありません。放っておくとこのしこりは自然に消えます。ただし、治ったわけではなく、病原菌は全身に広がっていきます。三カ月から三年までの間に、皮膚に赤い発《はっ》しんがあらわれ、微熱《びねつ》や頭痛が続いたり、毛が固まって抜けたり、わきの下や肛門《こうもん》などに扁平《へんぺい》ないぼ状の盛り上がりができます。その表面の分泌物に病原体が増えると、人に感染させやすい時期です。放置しておくと、皮膚や筋肉、内臓などに硬いしこりができ、感染後一〇年以上たつと脳や脊髄《せきずい》がおかされてまひや知覚障害《ちかくしょうがい》などがあらわれ、死亡することもあります。

妊婦が梅毒に感染していると、胎盤を通して胎児に感染し、先天性梅毒の症状

り、子宮外妊娠や不妊症の原因になることもあります。

知覚障害

知覚神経に現れる障害。しびれや痛みのほか、知覚が鈍くなります。知覚神経は運動のコントロールにかかわっているため、動作が鈍くなったり転倒しやすくなったりして運動障害のように見えることもあります。

母子感染

妊婦の感染症の原因微生物が①胎盤を通して②産道を通過中の胎児へ③母乳を通して、子どもに起こす感染を指します。代表的なものはＨＩＶウイルス、Ｂ型肝炎ウイルス、Ｃ型肝炎ウイルス、淋菌、梅毒スピロヘータなどです。

を示します。妊娠中の充分な治療でこの感染は予防が可能です。

＜治療法＞　抗生物質での長期治療。病気が進むと治療が困難になります。

トリコモナス症

＜潜伏期間＞　一～二週間

＜症状＞　女性は膣炎《ちつえん》ときに膀胱炎、男性では尿道炎、膀胱炎を起こします。トリコモナス膣炎は夏季に多く、黄色の泡沫状《ほうまつじょう》のおりものがあり、外陰部も炎症を併《へい》発《はっ》して、強いかゆみがあります。男性の症状がはっきりしないためＳＴＤとして認識しにくい病気です。

＜治療法＞　飲み薬や膣に入れる座薬《ざやく》。治療は二人同時に行います。膣炎だからといって女性だけを治療しても相互感染をくり返してなかなか治りません。

尖圭コンジローマ

＜潜伏期間＞　三カ月くらい

＜症状＞　ヒトパピローマウイルスの感染で起こるＳＴＤで、ニワトリのトサカのような大小のイボが外陰部、肛門周囲の皮膚や粘膜を中心に多発《たはつ》します。感染後

年齢（5歳階級）別にみた性感染症（STD）報告数（2003年度）

		総数	0～4歳	5～9	10～14	15～19	20～24	25～29	30～34	35～39	40～44	45～49	50～54	55～59	60歳以上
クラミジア感染症	男	17725	4	2	7	1547	4150	3906	2977	2045	1234	779	588	270	216
	女	24220	1	0	75	4616	7909	5534	3280	1574	712	295	126	57	41
尖圭コンジローマ	男	3299	3	0	2	206	567	649	620	449	287	169	148	109	90
	女	2954	1	0	8	534	1039	659	347	173	84	46	26	21	16
淋菌感染症	男	16170	1	2	10	1234	3728	3631	2922	1947	1195	632	459	237	172
	女	4527	4	8	20	941	1482	913	567	271	144	66	54	23	34
梅毒	男	388	1	0	0	11	30	60	50	43	34	30	39	37	53
	女	121	3	0	0	8	15	17	18	17	5	5	8	3	22

厚生労働省「感染症発生動向調査」より作成

一～六カ月で女性では、大小陰唇、会陰部《かいいんぶ》、腟などに。男性では、ペニスの冠状溝《かんじょうこう》、亀頭《きとう》、包皮《ほうひ》、尿道口《にょうどうこう》、陰《いん》のう、肛門《こうもん》周囲にみられます。

＜治療法＞　イボが小さいうちなら液体窒素《えきたいちつそ》による冷凍凝固法《れいとうぎょうこほう》が痛みもなく有効です。軟膏《なんこう》が効くこともあります。大きくなるとレーザーメスや電気メスでの切除《せつじょ》手術《しゅじゅつ》が必要です。

性器ヘルペス

＜潜伏期間＞　二～一〇日

＜症状＞　病原体は広く分布しているヘルペスウイルス。初めての感染での症状は激烈《げきれつ》で、高熱《こうねつ》と、それに伴う頭痛、続いて性器に小さい水泡《すいほう》ができ、破れるとびらんとなり、ずきずきとひどく痛み、歩行ができないこともあります。尿やお湯がしみるために、排尿や入浴もつらくなり悲惨な状態です。治療してもウイルスは末梢神経《まっしょうしんけい》の中に隠れていて、抵抗力や免疫力《めんえきりょく》が落ちたときに再発することがあります。このときは初めての感染のときよりも症状が軽いのが特徴です。

女性の外陰部《がいいんぶ》にこのヘルペス感染の水疱びらんがあるときにお産をすると、新生児《しんせいじ》のヘルペス感染症（全身感染）を起こし、死亡率《しぼうりつ》が高いため帝王切開《ていおうせっかい》を行う必要があります。

＜治療法＞　抗ウイルス薬の内服や注射と炎症や痛みを抑える薬を併用。びらんの部分には抗ウイルス薬の塗り薬などを使用します。

カンジダ症

＜潜伏期間＞　一定していない

＜症状＞　カビの一種で普段から皮膚や肛門や直腸《ちょくちょう》にいる菌です。妊娠中の人では、一五〜三〇％の割合で膣内にも常在菌《じょうざいきん》のように存在します。症状はありませんが、免疫力が落ちると膣内で増えて、セックスで男性にうつります。女性では外陰部のかゆみやカッテージチーズのようなおりもの、男性ではペニスの冠状溝にかゆみや発赤、尿道炎の症状が出ます。

＜治療法＞　抗真菌剤《こうしんきんざい》の膣座薬、軟こう、内服薬を使います。

主な STD

病名	原因	潜伏期間	検査の種類	治療方法
毛ジラミ	寄生虫	約1～30日位	視診	毛を剃る。散布薬、軟膏など
クラミジア感染症	細菌	約1～3週	おりもの検査	抗生物質（初期は内服薬、注射）
淋病	細菌	2～7日	おりもの検査	抗生物質
カンジダ症	細菌	一定していない	おりもの検査	抗真菌剤の膣座薬、軟膏、内服薬
梅毒	細菌	10～90日	血液検査､視診	抗生物質で長期治療
トリコモナス症	原虫	1～2週間	おりもの検査	内服薬、膣座薬
性器ヘルペス	ウイルス	2～10日	血液検査、視診	抗ウイルス薬の内服薬、注射、軟膏など
尖形コンジローマ	ウイルス	3週から6カ月	血液検査、視診	冷凍凝固法、軟膏、切除手術
B型肝炎	ウイルス	8～12週	血液検査	入院。点滴して安静に
エイズ	ウイルス	数年～10数年	血液検査	薬で発症を遅らせることができるのみ

注：検査・治療方法は基本的に婦人科での場合。

女性の性感染症予防を考える会WRAP　UPパンフより作成

Q39 STDかな、と思ったときはどうすればいいのですか？

あやしいときはやっぱり病院へ行くべきでしょうか？　STDだったらパートナーに内緒で治療をしたいのですが大丈夫でしょうか？

「おかしい」と思ったときは、STDを広めてしまわないためにも、すぐに病院へ行くべきです。よけいなことで悩まないためにも、検査をしてはっきりさせましょう。自分一人だけこっそり検査をして治療をしても、パートナーがSTDにかかっていたらまたうつされてしまいます。ほとんどのSTDは症状と検査で診断がつき、治療ができます。早ければ早いほど治りやすく、後遺症《こういしょう》の心配も少なくなりますから、性感染の蔓延《まんえん》を防ぐためにも速やかに検査・治療を行うことがもっとも大切です。ふつう、女性は婦人科、男性は泌尿器科で検査・治療をしますが、二人一緒に治療できるところもあります。

パートナーがSTDだとわかったときも同じです。自分は症状がないから関係ない、と思わずに検査をして病気の有無を調べてください。STDにはうつっても

STDの相談
性の健康医学財団
http://www.jfshm.org/
携帯電話からは
http://www.jfshm.org/mobile/
Eメールでの相談もできます。

すぐには症状が出なかったり、症状が軽くて気づかなかったりするものも少なくないのです。

　病気が治るまではセックスは厳禁《げんきん》です。性器が傷つきやすくなっていますから、病気の治りが悪くなることがあるのです。症状が軽いからと、STDにかかっていることを内緒にしてパートナーとセックスするなどもってのほかです。どうしてもセックスがしたいなら、危険があることを相手に伝え、正しくコンドームを使ってください。

　STD感染やエイズ感染が人ごとではない時代です。「おかしいな」と思ったときだけではなく、交際中のパートナーがいるなら、初めてのセックスの前に二人でSTDやエイズの検査を受け、お互いに感染していないことを確かめてから、セックスする時代になったと私は思います。

　STDに感染しないようにすることも、もちろん大切ですが、複数のパートナーがいる、風俗店《ふうぞくてん》を利用する、売買春を避けられないという人は、定期的に検査を受けて早期発見を心がけるくらいの注意が必要です。

Q40 友だちがC型肝炎と診断されました。セックスでうつったのでしょうか？

病院でC型肝炎といわれて友だちが落ち込んでいます。自覚症状が何もないのに本当に病気でしょうか？ C型肝炎はセックスでうつりますか？

C型肝炎《シーがたかんえん》は無症状《むしょうじょう》で経過《けいか》するものが多く、しかも六〜七割は慢性化《まんせいか》して慢性肝《まんせいかん》炎《えん》、肝硬変《かんこうへん》へと進展し、さらに肝細胞がんになります。今は無症状でも、命に関わる重い病気に進行する可能性を秘めています。C型肝炎は、C型肝炎ウイルスの存在を調べて診断します。

C型肝炎は社会的にも大きな問題になっていて、日本には二〇〇万人以上のウイルス感染者がいるといわれています。

C型肝炎ウイルスの従来《じゅうらい》のおもな感染経路《かんせんけいろ》は、輸血《ゆけつ》、血液製剤《けつえきせいざい》の注射《ちゅうしゃ》、入れ墨、覚醒剤《かくせいざい》の注射器の共用《きょうよう》などでした。注射針の連続使用《れんぞくしよう》による予防接種《よぼうせっしゅ》も感染経路としてあげられていましたが、医療行為《いりょうこうい》を通しての感染予防が進められるに連れて、母子感染《ぼしかんせん》や性交による感染が注目されています。

肝硬変

文字通り肝臓が硬くなって慢性肝炎によって機能が低下してしまう病気です。肝細胞が死んだところに腺維（ぬけた空間を埋める組織）の増殖が起こるため硬化した状態です。さまざまな肝臓病の最終的な状態と考えていいでしょう。著しく肝臓の機能が低下する肝不全につながったり、肝がんが発生したりして生命に関わることもあります。

アナルセックス

セックスのときにペニスを相手の

友だちがまだ若く、入れ墨や覚醒剤をしていないのなら、セックスでC型肝炎がうつったことも考えられます。月経中やアナルセックスなど出血を伴うときが危険です。

慢性化している場合には、肝硬変や肝がんへの進行を抑えるために、インターフェロンを使った治療があります。あるいは、肝臓をできるだけよい状態に保つ治療を行います。こうした治療によって、大部分の患者さんで肝硬変や肝がんへの進行をくい止めることができます。

また、本人がこの病気をよく理解し、症状がなくても定期的に受診し、肝臓《かんぞう》の状態をチェックしておくことが大切です。

肛門に入れる性交。男性が女性にすることもゲイの男の人同士がすることもあります。肛門や直腸の粘膜は傷つきやすいため、STDの感染率が高いのです。

肝がん

肝臓にできるがんの総称。肝臓から発生した原発性肝がんと肝臓以外の臓器や組織から転移した転移性肝がんとに大別できます。

インターフェロン

B型、C型慢性肝炎の治療薬で、ウイルス感染を受けた細胞(たとえばC型肝炎ウイルスならば肝細胞)が、その細胞のウイルス抵抗性物質となります。治療は筋肉注射、あるいは静脈注射によって行ないますが、発熱、だるさ、頭痛など副作用が強いため、専門医療機関のコントロールを受けながらの治療が望ましいでしょう。

Q41 風俗店へ行くときに気をつけることは？

気軽に風俗店へ行く友だちもいるけれど、ぼくはまだ経験なし。もしも行くときはどんなことに注意したらいい？　病気がうつらないか心配です。

「風俗へ行く」のはどんなときでしょう。セックスをしたい、たまった性欲を発散したい、酔った勢いで、あるいは人とのつながりを求めて、などでしょうか。

「ぼくはまだ経験なし」とありますが、できれば行きたいと思っているのでしょうか。必要と感じなければわざわざ行くことはない、というのが私の見解。なんの準備も心構《こころがま》えもなしに酔った勢いで、あるいは回りに誘われて勢いで行ってしまうのではリスクが高すぎます。風俗店は一般的にはセックスはしないのですが、これまでなんども書いてきたようにオーラルセックスでもＳＴＤは感染します。

セックスワーカーという言葉があります。セックスを仕事としている人たちのことです。「ＳＴＤにも妊娠にもさまざまな対策をしている」というプロもいますが、一方では性交しなければＳＴＤにならないとか、自覚症状がなければ大丈夫などとまったく無知《むち》・無防備《むぼうび》という人もいるのです。利用するほうがそれを見分けるのは困難です。

ですから、どうしても行くのなら、こちらもしっかり準備をして行きましょう。感染の機会はあると考えなければなりません。行かないことがいちばん安全ですが、キスやクニリングス、フェラチオはしないようにします。また、相手がコンドームを使うのは、ＳＴＤの感染予防のために当然のことと考えてください。

街の風俗街（イメージ画像）

Q42 エイズはどんな病気ですか？　教えてください

若い人の間で徐々にエイズが増えていると聞きます。エイズになると必ず死んでしまうのですか？　どんな病気なのか、詳しいことを教えてください。

エイズは、ＨＩＶ（human immunodeficiency virus・ヒト免疫不全ウイルス）の感染による病気で、英語ではAcquired immunodeficiency syndrome。頭文字をとってＡＩＤＳです。日本語では「後天性免疫不全症候群《こうてんせいめんえきふぜんしょうこうぐん》」と呼ばれます。エイズはＨＩＶウイルス感染によって、人間を病原微生物《びょうげんびせいぶつ》の進入から守る免疫機能《めんえききのう》が壊《こわ》れてさまざまな症状を示している状態をいいます。

では、免疫不全《めんえきふぜん》とはどういうことなのでしょうか。

私たちの体は外から侵入してくる細菌やウイルスなどから身を守るため、「免疫」というシステムをもっています。体の中にはカビや原虫も住んでいるのですが、これらも免疫によって防御《ぼうぎょ》されていて、ふつうは害になることはありません。

免疫の役目を担うのは血液の中の白血球《はっけっきゅう》で、中心的働きをしているのがヘルパ

HIV感染者及びエイズ患者の累計人数

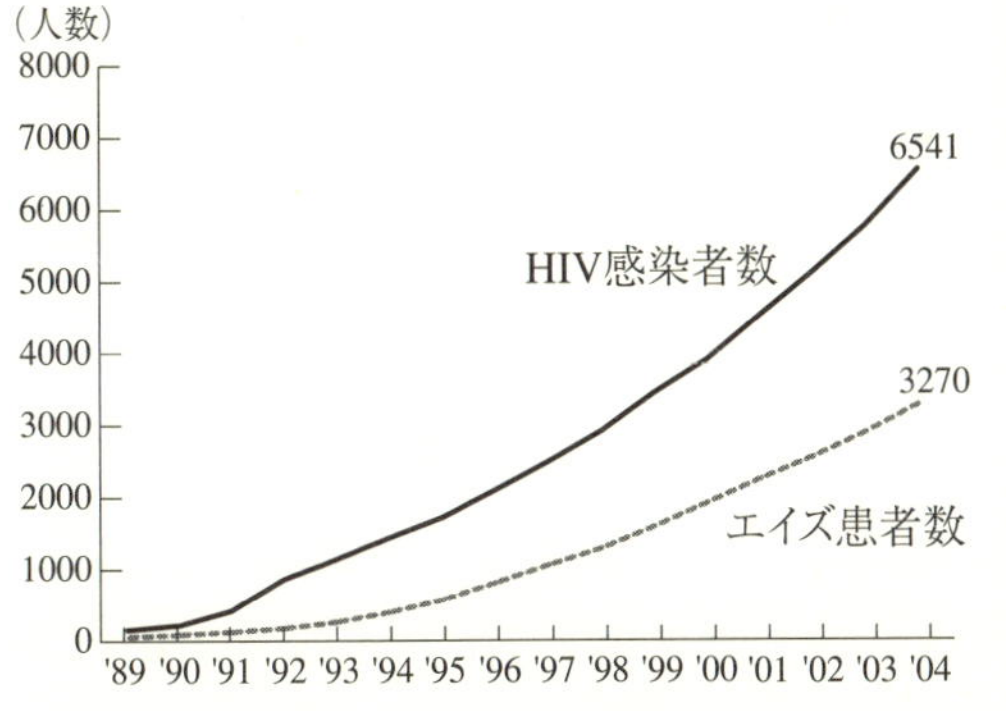

エイズ情報予防ネットデータより作成

ーTリンパ球です。ヘルパーTリンパ球は白血球に指令を出すなど、細胞性免疫の中心（司令塔）となる働きをしています。ところが、ＨＩＶウイルスはこのヘルパーTリンパ球にとりついて壊してしまうのです。免疫の力は失われ、いろいろな感染症にかかりやすくなって衰弱《すいじゃく》し、死亡の原因となります。

たいていの場合、ＨＩＶウイルスに感染しても、すぐにはなんの症状もあらわれません。感染してからエイズという病気を発症するまでに長い潜伏期間があるのが、この病気の特徴の一つです。潜伏期間中は、ふだんどおりの日常生活が送れるのですが、なんらかの要因でウイルスが急に増殖し始めると、ヘルパーTリンパ球は次々壊されて数が急激に減ってしまい、体の免疫力を低下させてしまうのです。

では、ＨＩＶはどういうルートで感染するのでしょうか。

ＨＩＶウイルスは血液や精液《せいえき》、膣分泌液《ちつぶんぴつえき》などの体液を介して感染する感染症で、現在日本での主要な感染ルートはセックスです。同性間の性的接触が半分以上ですが、異性間の性的接触

HIV感染者及びAIDS患者の感染経路別報告数の累計（単位％）

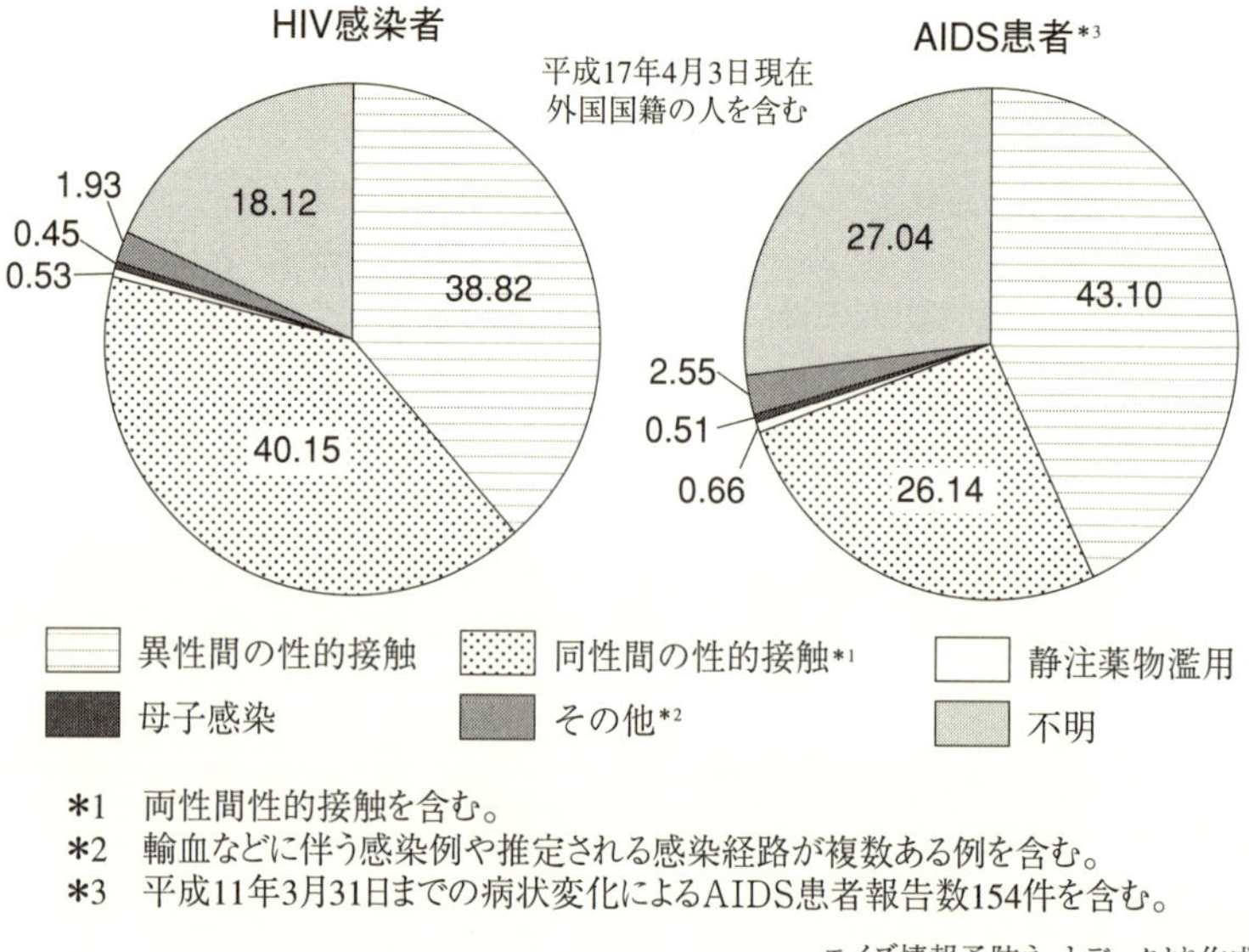

＊1　両性間性的接触を含む。
＊2　輸血などに伴う感染例や推定される感染経路が複数ある例を含む。
＊3　平成11年3月31日までの病状変化によるAIDS患者報告数154件を含む。

エイズ情報予防ネットデータより作成

での感染が増加しつつあります。アメリカでは女性のＨＩＶ感染者の九〇％以上はパートナーからうつされているといわれ、リスクの高い人や多くの人と性交渉をした結果ではないのです。ＨＩＶは「普通にセックスしている人もかかる病気」といっていいでしょう。

第二のルートは、感染した母親から赤ちゃんへのものです。お母さんが感染していると、胎盤《たいばん》を通して胎児にうつります。母乳にいるＨＩＶウイルスは少ないのですが、うつることもあります。

第三のルートは麻薬《まやく》など注射による薬物乱用《やくぶつらんよう》によるものです。ただし、母子感染と合わせてもこのルートでの感染は一％以下です。日本で最初に問題になった血液製剤《けつえきせいざい》による感染はほとんどなくなりました。

ＨＩＶの予防は感染ルートを絶つことです。麻薬や覚醒剤《かくせいざい》は体に害を与えます。犯罪ですから、絶対に手を出さないこと。

ＨＩＶの感染力は弱く、一回のセックスでうつる率は〇・一～一％と低く、従って常にコンドームを使うことが感染予防のためには大事です。また、クラミジア感染症、淋病などに感染していると、ＨＩＶの感染率が三～四倍高くなることがわかっており、予防のためには他のＳＴＤにかかっていないことが重要です。

血液製剤によるＨＩＶ感染

血液製剤は、治療目的に応じて血液成分を分離した製剤のことです。血漿、濃縮赤血球、血小板、新鮮凍結血漿、アルブミン製剤、凝固因子製剤などです。この血液凝固因子の欠乏や異常のために血液が固まりにくい病気が血友病です。血液製剤によるＨＩＶウイルス感染は、血液製剤を治療に使っていた血友病患者の間で起こりました。現在使用されている血液製剤は、加熱処理されたものですが、以前は加熱処理のされていない「非加熱濃縮製剤」を使用していました。非加熱濃縮製剤は、多くの人の血液を集めて作られていたため、一人分でもＨＩＶに感染しているとすべての血液が汚染されてしまいます。その上、加熱処理がされていなかったため、ＨＩＶが生きたまま製剤の中に混ざってしまい、その製剤を使用

ＨＩＶウイルスには今のところ特効薬はありません。でも、発症を遅らせたり、発症しても進行を遅らせたりする薬が開発されています。薬の目的は血漿《けっしょう》中のＨＩＶ量を極力少なくして、ヘルパーＴリンパ球の減少を抑えることです。中途半端《ちゅうとはんぱ》な治療は薬剤耐性《やくざいたいせい》ウイルスを出現させるため、多剤併用《たざいへいよう》で安定した薬剤の使用が必要です。現在の治療法は、Ｔリンパ球の減少を抑えて日和見《ひよりみ》感染の進展を予防するものであり、完治させるものではありませんが、研究は相当に進んでいますから、治療薬が開発されるのも夢ではないと思います。

HIVを報道する新聞記事

朝日新聞2005年5月16日付け

したことで感染してしまったのです。この被害を薬害エイズといいます。

一九九七年十二月の厚生省エイズ動向委員会からの報告によれば、血友病エイズ感染者は一四九五人、エイズ発症患者は六二八人、死亡者は四八五人です。血友病エイズ感染者は全感染者の三七・五％にあたります。

エイズ予防情報ネット
http://api-net.jfap.or.jp/information/info_Frame.htm

Q43 エイズはほかの病気よりおそろしいという印象があります。なぜでしょう？

感染力が弱いと聞いても、やっぱり「エイズはこわい」と思ってしまいます。どうしてでしょうか？　他の病気よりおそろしいのでしょうか？

エイズは「治らない病気」です。そういう意味ではこわいのですが、しかし、治らない病気はほかにもたくさんあります。エイズはＨＩＶウイルスによる感染症ですが、基本的にはどのウイルスに対しても効く薬はないのです。ウイルス感染によるかぜやインフルエンザが治るのは、人間のもっている免疫の力でウイルスを破壊し、炎症などを改善したときに「治った」といわれるのです。薬はあくまで免疫を高めたり、炎症症状《えんしょうしょうじょう》を抑《おさ》えたりするためのものです。

これに対して、ＨＩＶウイルスやB型肝炎、ヘルペスウイルスなどは、リンパ球の中に隠れたり、肝細胞《かんさいぼう》や神経細胞《しんけいさいぼう》の中に隠れたりして、体力が落ちたときに繰り返して症状を現します。そのため、完全に治った状態にはならないのです。

治らない病気はエイズだけではありませんから、そういう意味では特別な病気ではありません。

では、おそろしいという印象はどこから来るのでしょうか。一つはエイズの報道のされ方です。Ｑ47でも説明されていますが、一九八〇年代の初めにアメリカでエイズが最初に流行したとき、エイズはゲイの病気とされ、センセーショナルに取り上げられました。ＢＳＥ（いわゆる狂牛病）にしても鳥インフルエンザにしても大々的に取り上げられることによって多くの人が知ることとなり、対策も立てやすかったのですが、エイズの場合はそれがマイナスの印象を強烈《きょうれつ》に与えた、といえるでしょう。

もう一つは症状の悲惨《ひさん》さです。ＨＩＶウイルスは体を外敵から守る免疫のしくみを壊してしまうため、普通は感染しないような感染力の弱い菌、あるいは私たちの体内や体の表面に住みついている常在菌《じょうざいきん》が繁殖《はんしょく》して、普通ではみられない全身感《ぜんしんかん》染《せん》の症状になります。

せき、発熱、呼吸困難《こきゅうこんなん》などを起こすカリニ肺炎、カンジダなどの真菌（カビ）による口腔内《こうくうない》や食道などの感染症や皮膚の病気、また、カポジ肉腫《にくしゅ》、悪性リンパ腫などの悪性の腫瘍《しゅよう》が皮膚にあらわれることもあります。

しかし、エイズが本当におそろしいのは、潜伏期間《せんぷくきかん》が長くどこに（だれに）ＨＩ

カンジダ症とカリニ肺炎

カンジダ症（↓Ｑ38）とカリニ肺炎はＨＩＶに感染した人がよくかかる病気です。カリニ肺炎はカリニ原虫という生物が肺の細胞を壊すために起こります。免疫の力によって増えないように抑えられているカリニ原虫ですが、体の免疫が低下すると暴れ出して肺の細胞を壊します。ひどくなると呼吸ができなくなります。

原因はわかっていませんが、カポジ肉腫もエイズの人に多い病気です。カポジ肉腫は皮膚や粘膜に発生するがんです。

Vウイルスが存在するのかわかりにくいこと、どういう経路で感染するのかなど、エイズに関する正しい知識がないこと、そして、わかっているけれど予防対策《よぼうたいさく》が実行できないことです。

これらを克服《こくふく》できれば、エイズはけっしておそろしい病気ではありません。

HIV感染者及びAIDS患者の国籍・性別内訳

平成17年4月3日現在

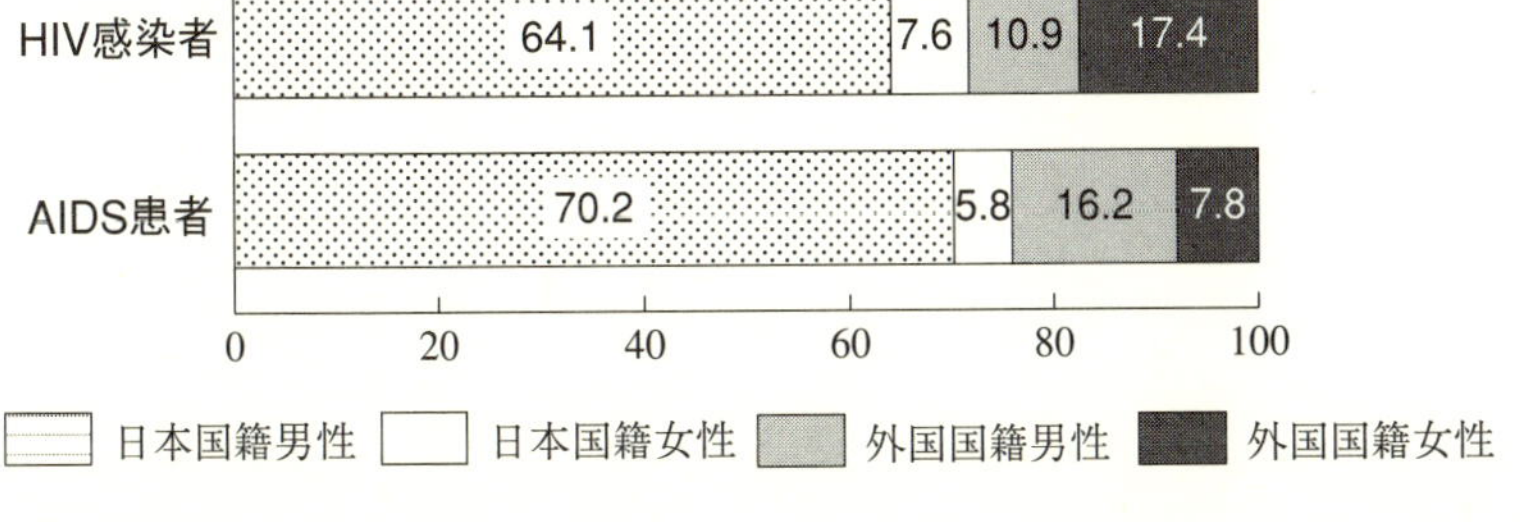

エイズ情報予防ネットデータより作成

Q44 エイズのウイルスはキスでは感染しないというのは本当？

エイズのウイルスは抱き合ったりキスをしたりするくらいではうつらないのですか？　そばにいてもだいじょうぶ？　一緒に生活するのも、平気ですか？

ＨＩＶウイルスは人の体にひどい打撃《だげき》を与えますが、感染力はかぜのウイルスなどよりずっと弱いものです。かぜのようにくしゃみやせきでうつることはありません。空気感染《くうきかんせん》はしないので、そばに座って話をしてもだいじょうぶです。

ＨＩＶは食べ物の中、水の中でも生存できません。ＨＩＶ感染者と食べ物を分けあっても同じコップで飲んでも、同じプールで泳いでもうつることはありません。ＨＩＶが直接血液のなかに入ってこないかぎり、日常生活の中での感染の心配はないのです。手を握っても、キスをしてもうつりません（→Q50、51）。

蚊やダニなど人間の血を吸う虫からも感染しません。蚊やダニは人の体から血液を吸うだけで、その血液を他のだれかに注入することはできないからです。ネコやイヌなどのペットにより感染することもありません。ネコエイズはネコの免疫不

エイズによる差別

親がＨＩＶウイルスに感染している幼児の入園を拒否したという事実もあります。拒否の理由は「他の園

全を起こす病気でＨＩＶ感染に似ていますが、別のウイルスなので感染の心配はありません。

あなたの身近にＨＩＶ感染者がいたとしても、必要以上に恐れることはないのです。ごくふつうに接すればいいのです。一緒に勉強したり、働いたりすることも問題ありません。ＨＩＶに感染しているからといって差別するようなことがあってはなりません。

しかし、感染者がけがをしたときには少しの注意が必要です。血液がほかの人に触れないように、あるいは傷に他人の血液が附着《ふちゃく》しないよう気をつけましょう。少量の出血であれば、ガーゼや包帯《ほうたい》などで止血《しけつ》し、血のついたガーゼはビニール袋に入れ、しっかり結んで捨ててください。

あなたがかぜをひいているときは、そばに行くのはやめましょう。ＨＩＶウイルスがうつることはありませんが、あなたから免疫力の低下したＨＩＶ感染者に重い感染症を起こしてしまうことがあるからです。ＨＩＶウイルスのために免疫機能が低下していると、かぜだけの症状で収まらず、重い病気を併発《へいはつ》する可能性があるのです。

児や親が知ったとき、どんな反応をするかわからない」「職員にも正確な知識がなく動揺している」というものでした。ＨＩＶウイルスの感染力は弱く、日常生活の接触では感染の心配はありません。正しい知識があれば避けられる差別であり、避けなければならない差別です。

朝日新聞二〇〇三年十一月二十九日付け

ＨＩＶ感染者の子、入園拒否 甲府の保育園

親がエイズウイルス（ＨＩＶ）に感染している幼児の入園を、甲府市の私立相川保育園（山本元家園長）が昨年2月に拒否していたことが29日、分かった。同園は「他の園児の親が不安に思うかもしれないと思ったが、ＨＩＶを理由に拒否した事実はない」と話している。

甲府市子育て支援課や同園によると、昨年2月に「子どもを預かってほしい」と親が園に来た。園はその際、付添人から親がＨＩＶに感染していることを知ったという。園は一時預かりとして、数日間通わせた。

しかし、「他の園児や親が知った時、どんな反応をするか分からない」「職員にも正確な知識がなく動揺している」などとして市に相談。市は県などと協議したうえで「私立の保育園で不安があるなら」と、幼児を市内の公立保育所に受け入れた。

その際、親がＨＩＶ感染者であることは「他の園児と接し方が変わる可能性がある」として所長ら一部の管理職を除き、

Q45 病院に行かなくてもＨＩＶを調べる方法はありますか?

病院には行きたくないのですが、妊娠検査薬のように手軽に調べられる方法はないですか? 献血でＨＩＶや性感染症がわかりますか?

残念ながら市販《しはん》の検査薬《けんさやく》はありません。ＨＩＶのスクリーニング検査は病院や保健所で実施されています。

・保健所　保健所の場合は名前をいう必要はないし、お金もかかりません。プライバシーは守られます。しかし、地域によって検査時間が異なったり、手続きになれていなかったりする場合もあるので、事前に電話で確認してください。

・エイズ拠点病院《きょてんびょういん》　全国に三六〇以上あり、検査は有料です。まずは電話で状況《じょうきょう》を確認するのがいいでしょう。ただし、検査だけで拠点病院を使うのは感心しません。

http://api-net.jfap.or.jp/mhw/kyoten/menu.asp

エイズ拠点病院

エイズ拠点病院とは、ＨＩＶ感染者やエイズ患者が安心して医療を受けられるように各都道府県に設置されている病院のことです。一九九三年に厚生省が各都道府県に二カ所以上の選定を求める通知を出したことがスタートになっています。

このようなプログラムがスタートしたのは、当時「ＨＩＶ感染者・エイズ患者の診療経験がない」「ＨＩＶ感染者・エイズ患者を診察・治療することによる医療従事者の感染が

・一般の医療機関でもＨＩＶ感染の有無の検査はできますが、感染を疑わせるなんらかの症状がなければ診察費自己負担となります。

ＨＩＶ感染は血液検査《けつえきけんさ》でわかります。血液の中にＨＩＶの抗体《こうたい》があるかどうかを調べるのです。抗体とは、ＨＩＶに感染したことを察知《さっち》した体の免疫システムが作り出すタンパク質のことで、この抗体が体の中にできるまでには感染の機会があってから六～八週間、長い人では一二週間かかります。そのため、「もしかして」と思ってすぐに検査をしても正確な結果は得られません。検査は三カ月以上経過してからのほうが確実です。検査結果は一週間から二週間後、検査機関から本人へ通知されます。

このようなスクリーニング検査は妊娠しているときや免疫の異常があるときにはＨＩＶ感染していなくても、陽性結果が出ることがあります。これを偽陽性と言いますが、〇・三～〇・一％程度です。スクリーニング検査で陽性がある場合には必ず確認検査を行います。

献血の血液は、患者さんが安全な輸血が受けられるよう、ＳＴＤやＨＩＶウイルスの感染の有無など厳しい検査が行われています。しかし、お話したようにＨＩＶウイルスは、感染初期《かんせんしょき》には検査でも正確なことがわかりません。したがって、検

不安」という理由でＨＩＶ感染者・エイズ患者の診療を拒否する医療機関がでていた、という理由によっています。ＨＩＶ感染者の増加とともに診療できる医療施設が増えつつあるのは皮肉なことですが、拠点病院は今後も一般医療施設のバックアップという重要な役割を果たすものです。現在、全国ブロック拠点病院だけで一四病院があり、さらに各県に相当数の拠点病院が整備されています。

査を目的とした献血は大変危険です。知らないうちに知らないところで、患者さんにＨＩＶウイルス感染をさせてしまうかもしれないのです。もしも、感染が心配な場合は、専門の医療機関や最寄《もよ》りの保健所に相談してください。

日本のＨＩＶ感染者の数は増加しています。とくに若い人の報告数が増えていて、問題になっています。日本人の性についての規範《きはん》の変化とそれによる性行動の変化がひとつの要因として挙げられるでしょう。

初めて性体験をする年齢が低くなったこと、何人もの相手とセックスをする傾向、セックスに至るまでの付き合い期間の短縮化《たんしゅくか》など、感染増加につながる気がかりなことはいろいろあります。

外国に比べて日本人はコンドームの使用率が高いといわれていますが、不特定《ふとくてい》のパートナーには使用率が低いことが指摘されています。日本人にとってのコンドームはあくまでも避妊用ということでしょう。ＨＩＶ感染を防ぐためには、不特定のパートナーとセックスをするときこそ、コンドームは必需品《ひつじゅひん》です。

このほか、一般の人たちの間にクラミジア感染症をはじめとする性感染症が広がっていること、若い人たちの人工妊娠中絶数が増加していること（つまりコンドームを使っていない）などを考え合わせると、これからも日本でＨＩＶ感染が広がっ

HIV感染者及びエイズ患者の相談・検査件数

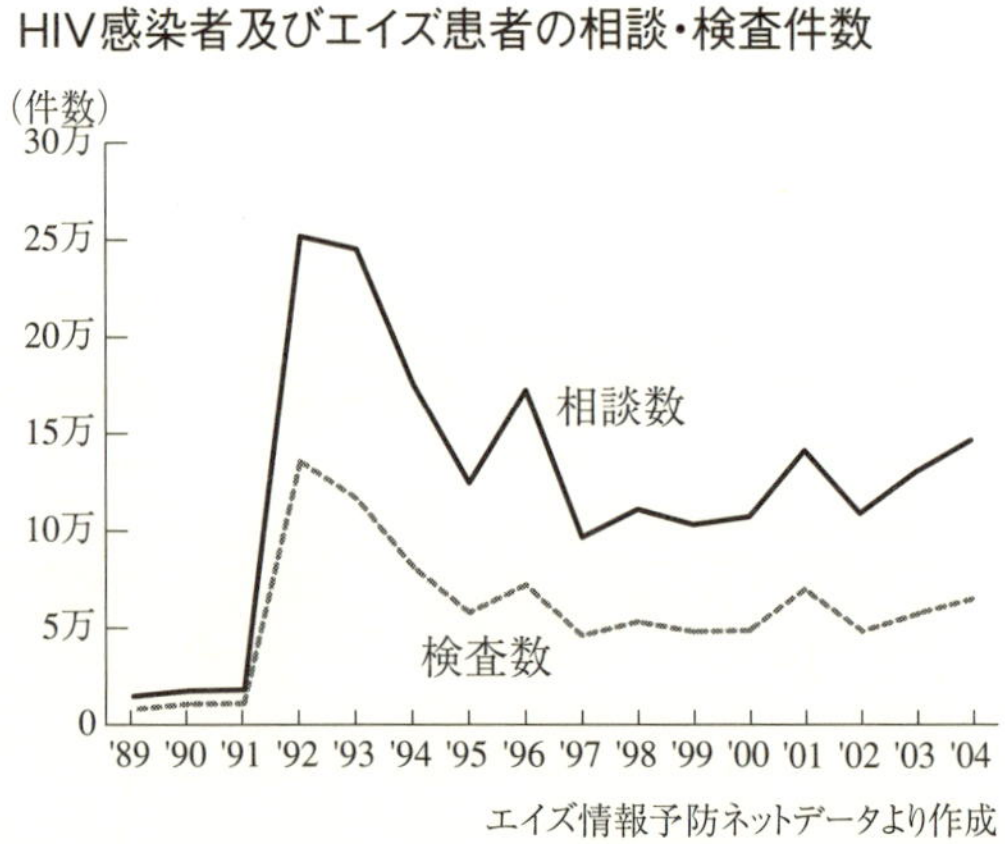

エイズ情報予防ネットデータより作成

ていくのではないかと心配されます。
感染に気づかずに人にうつしてしまうことがないよう、不安なときは検査を受けましょう。

ＨＩＶ検査・相談マップ
http://www.HIVkensa.com/index.html

Q46 HIVに感染していると診断されました。エイズになりますか？

感染を親や友人に話すべきですか？　会社には？　どういう生活をしていけばいいでしょうか？　これからどうしていけばいいか不安です。

ＨＩＶウイルスが見つけられたのは一九八六年のことで、まだ二〇年くらい前のことです。研究が重ねられていますが、ＨＩＶに感染した人が実際に、どのくらいの割合で、何年くらいで発病するのかというデータも、最終的な結論はまだ出ていません。感染後一〜二年以内に発症する人もいれば、一五年たっても、これといった感染症や合併症《がっぺいしょう》が起こらない人もいます。ＨＩＶウイルスは潜伏期間《せんぷくきかん》が長いため、感染した人の健康状態や免疫システムの強さによっても大きく違ってくるのです。

ですから、ＨＩＶに感染していると告知《こくち》されても、必ずしも発病《はつびょう》するとはかぎらないということを、まず頭に入れておいてください。とくに最近は薬などの研究が進んで、早めに治療を開始すればかなりコントロールができるといわれています。

エイズ予防財団

エイズ予防のための知識の普及、エイズの予防・治療などの研究助成、およびエイズに関する国際的な情報交換などを目的に設立された財団。次のような事業を行っています。

①エイズに関する正しい知識の普及啓発
②エイズの診断、治療、予防に関する研究への助成
③エイズに関する諸外国の情報収集と提供

同時に、症状は出なくても、体の中にＨＩＶを保持していて、セックスを通して他の人にうつす可能性があることも忘れないでください。

エイズについて不安や疑問を感じたら、エイズ予防財団で電話相談ができます。専門の相談員が、フリーダイヤルによる電話相談を受け付けています。全国の保健所でも相談を行なっています。また、サポートをしているＮＧＯもあります（→Ｑ47）。

■エイズ予防財団による電話相談

〇一二〇―一七七―八一二

祝祭日を除く月～金曜日　一〇時～一三時　一四時～一七時。

携帯電話からは、〇三―三五九二―一一八三。

■ＪＦＡＰエイズサポートライン　〇三―五五二一―一一七七

日本語、英語、スペイン語等、八カ国語に対応した二四時間電話自動応答システムによる相談。エイズ予防財団のエイズ予防情報ネットのホームページからも同じ応答音声を聞くことができる。

---

④エイズに関する国際会議、研究会等会合の開催
⑤日本エイズストップ基金の設置運営
⑥その他本財団の目的を達成するために必要な事業
ホームページ　http://www.jfap.or.jp/
携帯電話からは　http://api-net.jfap.or.jp/i

HIV感染の妊婦増加の問題

日本で最初のHIVウイルスに感染した妊娠の分娩が確認されたのは一九八七年です。その後、産科を掲げる約一六七〇の病院を対象に九八年から実施された調査で三〇三件の感染妊婦が認められ、二〇〇四年の日本エイズ学会のシンポジウムで報告されました。それまでは年間発生数は三〇件前後であったものが、二〇〇三年は四〇件を越えたため、注目されました。

クラミジア感染があるとHIV感染率は三～五倍も高くなるといわれています。そのクラミジア感染は九六年ころから急増していますが、とくに若い人に多く、若者の一〇～二〇％は感染しているのではないか、との報告もあり、そのため、妊婦のHIV感染が今後も増加するのではないかと懸念されています。予防するためには、クラミジアを初めとするSTDの蔓延を抑えることが急務です。

妊婦がHIVに感染していても、①抗HIV薬によって母体のウイルス量を減少させる、②破水《はすい》や切迫早産《せっぱくそうざん》など、ウイルス感染を増加させるリスクをつくらない、③帝王切開をするなどの対策で母子感染は三分の一以下にできることがわかっています。

妊娠時の検査実施を高めるとともに、感染予防策の普及や啓発が今後ますます大切になります。

HIV感染の妊婦増加

推計、年100人以上

厚労省調査

妊娠時の検査でエイズウイルス（HIV）感染に気づく日本人の妊婦が99年以降に目立って増えたことが、厚生労働省研究班（班長＝稲葉憲之・独協医大教授）の調査でわかった。大都市圏だけでなく、地方都市でも確認され、外国人を含めると全国で年に100人以上と推計されている。ただ検査実施率は都道府県によって33～100％近くと差が大きく、見逃されている恐れもある。結果は27日から神戸市で始まる日本エイズ学会で発表される。

（34面に関係記事）

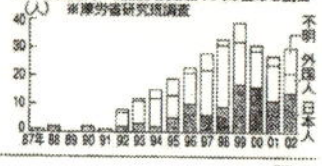

検査実施 自治体で落差

国内で報告された感染者が99年に5000人を超えるなど感染拡大が背景にあり、研究班は、若者への感染予防策の普及や啓発を呼びかけている。

調査は、国立成育医療センターの塚原優己医師（産科）らが、産科を掲げる約1670病院を対象に98年から実施（回答率64～82％）。それ以前についても尋ねた。

その結果、87～02年に感染が判明した妊婦は275人。回答で国籍が確認できず「不明」な人もいるが、国籍がわかった人のうち日本人は102人。日本人の感染者は98年までは年に10人以下で、おおむね1～5人だったが、99年に17人と急増して以降は16人、11人、14人と10人を超え、外国人より多くなった。

地方都市でもわかる例が増え、外国人を含めると、02年までに31都道府県で確認されている。

99～02年の4年間を平均すると妊婦10万人あたりの感染者は10・5人で、年間推定感染者は125人としている。

一方、出産件数あたりの検査実施率は昨年は85％。静岡のほぼ100％など17都府県が90％以上だったのに対し、7県は50％以下。最も低い県は32・5％。感染の増加は検査の普及も一因とみられるが、元々実施率が高い地域でも増えている。

妊婦がHIVに感染していても、妊娠中から抗

朝日新聞二〇〇三年一一月二五日付け

Q47 エイズの人をサポートしている団体はありますか？

もっと身近なこととしてエイズを考えたいと思います。なにかボランティアができますか？　エイズの人をサポートしている団体を教えてください。

「ＨＩＶと人権・情報センター」（以下ＪＨＣ）は、一九八八年、エイズ患者や感染者をサポートするために大阪で生まれたＮＧＯです。現在では東京、名古屋、大阪、和歌山、兵庫、岡山、四国、長崎と各地に支部を置いて電話相談や救援活動《きゅうえんかつどう》、国や地方自治体への働きかけ、講演や研修会《けんしゅうかい》など、さまざまな活動をしています。ＪＨＣは四〇〇人以上のボランティアによって活動が支えられています。

ボランティアをしたいと思ったら、まず電話で問い合わせてみましょう。どんな仕事があるのかを聞いてみると同時に、自分の得意分野を話して、なにができるかを考えてください。

具体的な活動に入る前に重要なことは、エイズについて正しく知ることです。正しい知識は偏見《へんけん》や差別《さべつ》をなくすのに役立ちます。

ＮＧＯ

ＮＧＯ（エヌ・ジー・オー）とは、英語のNon-Governmental Organizationの頭文字を取った略称で、日本では「非政府組織」と訳されています。一般的には、開発問題、人権問題、環境問題、平和問題など、地球的規模の問題の解決に、「非政府」かつ「非営利」の立場から取り組む、市民主体の組織を「ＮＧＯ」と呼んでいます。（国際協力ＮＧＯセンターのホームページより。http://www.janic.org/ngo.html）

残念なことですが、社会にはさまざまな偏見、不平等《ふびょうどう》や差別があります。エイズ患者やHIV感染者に限らず、弱い立場の人たちがいっそう生きにくくなっているのが現状《げんじょう》です。弱い立場の人がともに生きられる社会を考える、そのために自分のできることをする、一人一人がその思いをもてば大きな流れになるのではないでしょうか。

また、一二月一日の「世界AIDSデー」には毎年テーマが決められてさまざまな立場の人が多くの取り組みを行っています。イベントなどに参加するのも、サポート団体を知る方法です。

■HIVと人権・情報センター

・東京支部事務局　〇三—五二五九—〇六二二　http://www.npo-jhc.com/

・大阪支部事務局　〇六—六八八〇—七八〇〇

NPO（エヌ・ピー・オー）はNon-profit Organizationの略称で、「特定非営利活動法人」と訳されています。行政や企業とは別に社会活動をする非営利の民間組織のことを指します。

世界エイズデー

一二月一日は「World AIDS Day(世界エイズデー)」です。一九八八年、WHO（世界保健機構）は、エイズまん延防止と患者や感染者に対する差別・偏見の解消を図ることを目的として、この日を定め、エイズに関する啓発活動等の実施を提唱しました。一九九六年からは、WHOに代わって国連のエイズ対策の総合調整を行うこととなった「国連合同エイズ計画」がこの活動を継承しています。日本でも一二月一日にはさまざまな啓発活動が実施されています。

プロブレムQ&A

Ⅶ

同性愛者のセイファーセックス

Q 48 そもそも同性愛って何ですか？　本当にそんな人たちがいるのですか？

日常生活の中で同性愛の人に出会ったことがありません。特別な世界の人なんじゃないんですか？　どうして異性を好きにならずに同性を好きになるんですか？

私たちの日常生活《にちじょうせいかつ》に、具体的《ぐたいてき》で等身大《とうしんだい》の同性愛者《どうせいあいしゃ》の姿はありません。道行く人、建物に集《つど》う人、家庭や会社や学校にいる人、全てが異性を好きになるように見えます。しかし、どう低く見積《みつ》もっても、同性指向《どうせいしこう》の強い人は、三％はいるはずなのです。一方、アメリカやヨーロッパでは、好き嫌いは別として、生活の中に、同性愛者はいるものだ、という共通認識《きょうつうにんしき》が形成されています。ドラマにも、さりげなく、地域の一員としてゲイやレズビアンやバイセクシュアルの人が、「キワモノ」「色物《いろもの》」ではなく「一般人」として登場してきます。

日本では、多様な同性愛者が、ごく一方的かつ一面的な「定義《ていぎ》」をされ、「異世《いせ》界《かい》」にいる人間としてしか認識されていません。自分の人生にはまずかかわってこないと信じている人がほとんどでしょう。それが、単に「同性が好きだ」というだ

同性指向がある人の比率

シカゴ大学とニューヨーク州立大学のチームの一九九四年の調査（アメリカ人約三四〇〇人『セックス・イン・アメリカ』ＮＨＫ出版）などによると、自分に同性指向があると考えている（つまり、自己申告制でレズビアン／ゲイ／バイセクシュアルと認識している）人の比率は、おおむね三〜五％あたりの数字を示しています。

けで待ちかまえている「村八分《むらはちぶ》」や「不利益《ふりえき》」や無視や軽蔑《けいべつ》や嘲笑《ちょうしょう》や暴言《ぼうげん》や時には物理的暴力《ぶつりてきぼうりょく》があるなどとは夢にも思わないのです。

自分が自分はそうだと思う「性別《せいべつ》」と同じ「性別」の人に、恋愛感情や性欲を感じるか、あるいは、違う「性別」の人に、恋愛感情や性欲を感じるか、を「性的《せいてき》指向《しこう》」と言います。これは今では、人間の「性」のあり方を計《はか》る指標《しひょう》（コラム⑤参照）として定着した考えになっています。乱暴にまとめれば、「性的指向」が同性に向くか、異性に向くかは、各個人の内面に一定の割合で、生まれてすぐの時期から存在しており、それを、自分の意志で簡単に変更することはできません。「同性指向」の強い人を「同性愛者」、「異性指向」の強い人を「異性愛者」と呼びますが、中間的な様々な割合の人がおり、「バイセクシュアル」と言われたりもします。要は、はっきりとここからが同性愛←→異性愛という線は引けないのです。しかし、世間は、この世の中には「異性愛」しかないという社会の仕組み（結婚は異性間のみ、など）と文化（同性愛は汚《けが》らわしいなどの価値判断《かちはんだん》）を形成しているので、「同性指向」を持つ人に対しては、排除《はいじょ》の論理、つまり偏見《へんけん》と差別が起こります。

なお、「性的指向」は、生物学的・医学的に判断される「性別」とは関係がありません。「女」だと思っている人が「女性」を好きになれば、あくまで「同性愛」

「同性愛」と「異性愛」

「同性愛」は辞書に載っており、どんなワープロでも「どうせいあい」をきちんと変換できます。ところが「異性愛」は辞書に載っておらず、「いせいあい」を変換できないワープロソフトも少なくありません。社会から「少数派」「異端」と見なされる人には名前が付けられ、勝手にさまざまなレッテルが貼られ、歪んだイメージが形成されていくことを象徴しています。異性愛の人に「あなたは異性愛者ですよね」というとキョトンとして言われていることの意味を解せない人にもよく出会います。

です。生物学的・医学的に判断される「性別」と自分の思う性別が異なり、それに強い違和感《いわかん》を抱く人が「性同一性障害《せいどういつせいしょうがい》」で、長いこと、当事者までもが混乱していましたが、「同性愛」とは「性」のあり方としてだいぶ異なるものです。だから、「性同一性障害」で、男性の身体を持ちながら「女性」として生きたい、という人にも「異性愛」（男性を好きになる）と「同性愛」（女性を好きになる）があります。ここに、「男性同性愛者は女性になりたいのだ」という神話は全く事実に反することになるのです。「男性同性愛者」は、自分を男性と意識しつつ男性に魅かれる人たちを指します。

「同性が好きだ」なんて人たちが現れるのは、現代特有の現象であるとか、外国の話だと思っている人もたくさんいます。ところが、同性を恋愛・性欲の対象にする人たちの存在は、かなり古くから世界中で記録されています。ヨーロッパでは古代ギリシャ・ローマから、日本でも「日本書紀《にほんしょき》」に記載《きさい》があります。つまり、どの時代にもどんな場所にも存在していたわけです。もちろん、そうした意識・行動に対する許容度《きょようど》は、それぞれの文化の中で、また時代によって、変化がありました。近代以前は、「恋愛」と「友情」の区別もあいまいで、ある人間への「思い入れ」の感情に対して、厳密《げんみつ》な分類や区別もなかった代わりに、許容度も揺れ動いた、と

同性愛についての本

『プロブレムQ&A同性愛って何?』伊藤 悟・大江千束・小川葉子・石川大我・簗瀬竜太・大月純子・新井敏之著／緑風出版

同性愛者に対する差別

そのひとつの極限はナチス・ドイツでした。ドイツ民族の繁栄に「役に立たない」男性同性愛者を収容所に送り込み、強制労働をさせ虐殺したのです。その時収容所で男性同性愛者たちに付けられたピンクトライアングル（ピンクの三角形）は、後に同性愛者解放運動のシンボルとなります。

見ることもできます。ただ、とりわけ子どもを増やすことが至上命令《しじょうめいれい》になった場合は、禁止されることが多かったようです。

近代は、資本主義《しほんしゅぎ》という、競争によって生産力を限りなく高めていくことを目標とする価値観《かちかん》が社会を動かす原動力になりました。そのためには、男性を「労働力」として際限《さいげん》なくこき使い、女性を家事と子育てに専念させて男性を支えさせる、という分業《ぶんぎょう》が最も能率的《のうりつてき》でした。その中で、近代医学が「病理《びょうり》」を記述するために作り出した「異性愛」「同性愛」という概念《がいねん》が利用されることになります。「異性愛」を社会の中心の価値観に据《す》えれば、そのまま資本主義の推進につながるからです。こうして、同性愛者に対する差別は、文化や集団によるばらつきがなくなり、「制度」となりました。宗教的な面からの「戒律《かいりつ》」としての同性愛禁止も、ずっと続いています。

そして現代では、アメリカの公民権運動《こうみんけんうんどう》や、女性解放運動《じょせいかいほううんどう》の流れの中で、「レズビアン／ゲイ」と自分たちの呼称《こしょう》を再獲得したうえで、同性愛者として差別されない権利を求めて、欧米のみならず、世界中で様々な解放運動《かいほううんどう》が起こっています。暴力や差別的行為のみならず、パートナーシップにおいて異性カップルと同じ権利を獲得することまで、その目標は広がっているのです。

「レズビアン／ゲイ」

まず「ゲイ」が、（一部で俗称として使われていた言葉を、本来の意味「陽気な」「前向きな」を強調して）自分たちの呼称として選ばれます。続いて「ゲイ女性」のおかれている立場は「女性」としての差別も含むという差異性から、「レズビアン」となって今日に至ります。「レズビアン」は、古代ギリシャの女性詩人サッフォーがレスボス島で女性の共同体を作った歴史から取られました。「ホモ」「レズ」といった略称的な言葉や、いわゆる「男らしくない」男性を軽蔑して使う「オカマ」などは、日常的にからかい・あざけり・いじめの言葉として使われることが多いので、社会で使ってほしくない、と思う当事者がたくさんいます。

コラム⑤

性を整理する指標

性科学の成果に基づく性を整理する指標は、四つあり、今のところこれによって多様な性を理解する手がかりにしています。

① 身体的な性

人間の性別は、遺伝子・内分泌《ないぶんぴつ》・外性器《がいせいき》・内性器《ないせいき》などの要素を総合的に判断して決められます。インターセックス（半陰陽《はんいんよう》者）と呼ばれる、女性と男性の中間的な領域に属する人たちも存在しています。

性別は、明確な境界線がなく徐々に変化していくこと（グラデーション）を示しているのです。

② 性別に対する自認

自分で自分の身体的性をどうありたいと体感《たいかん》するか、という指標。この性別に対する自認が身体の性と異なる人たちは、多くの場合「トランスジェンダー」と自称しています。「トランスジェンダー」の人たちの「違和感《いわかん》」の程度はさまざまで、ライフスタイルを変えるだけで落ち着ける人から、性別適合手術を受けないと自分らしく生きられない人（特別に「トランスセクシュアル」と呼ばれることもあります）まで、多様な（心と身体の）「折り合い」の付け方を必要としています。

「性同一性障害」は、医学的な対応が必要な人のために作られた言葉なので、「トランスジェンダー」と重なりますが、一致はしません。

③ 性的指向

「性的指向」は、ほぼ生得的で、自分の意志や他者の働きかけで大きく変化することはありません。したがって、「性的志向」（可変性を示す）「性的嗜好《せいてきしこう》」（選択した趣味）とは書きません。

私たちレズビアン／ゲイは「どうして同性を好きになるのか」という質問をよく受けます。しかし、逆に「どうして異性を好きになるのか」という質問は全くされない（してもほとんどの人が質問の意味を理解できずポカンとしています）という力関係の差に注目して下さい。科学的にはどちらも解明されていないというのが現状なのです。

④　ジェンダー

社会的に形成された、性別に対して「かくあるべし」という規範を指します。いわゆる「女（男）らしさ」です。歴史的・文化的・地域的に大きく変化します。今までの三要素は、個人の中で見れば、可変性が小さいのに対して、自分の住む社会に存在している「ジェンダー」に対して、どういう態度をとるかは、多様であると同時に、ライフヒストリーの中でもかなり変化します。

ですから、女性から男性への「トランスジェンダー」の人が「男らしく」あろうとする、とかゲイ（男性同性愛者）は「女性的」に振る舞う、などといった一般化は全くできません。それぞれの人が、ジェンダーに対してどう行動するかは、自己選択の範囲になるのです。

性同一性障害や、トランスジェンダーについて書かれている本

『プロブレムQ&A性同一性障害って何？』
野宮亜紀・針間克己・大島俊之・原科孝雄・虎井まさ衛・内島　豊著／緑風出版

Q49 同性愛者はどのような状況におかれているのですか？

自分の回りには同性愛者がいません。理解しようと思っても、実際にはどのような状況下に同性愛者がいるのかわかりません。

十数年くらい前までは、辞書で『同性愛』という言葉を引いてみると、〝異常《いじょう》性欲《せいよく》〟〝変態性欲《へんたいせいよく》〟〝性的倒錯《せいてきとうさく》〟などと否定的な説明・記述が綴《つづ》られていました。記述が変ったのは一九九〇年代にはいってからです。医学会《いがくかい》でも同性愛は治療の対象とされ、〝同性愛者であることは病気〟という概念《がいねん》で捉えられていました。いずれも長い年月「異常」という括《くく》りを強いられていたわけです。そのような考え方により、異性愛者を〝ノーマル〟、同性愛者を〝アブノーマル〟と呼んだりすることもありました。

日本では同性愛者が存在しているという認識《にんしき》（社会的な認知）があるのか、無いのかといえば、無いに等しいという状況ではないでしょうか。確かに、最近のテレビ番組では毎日のように同性愛者を彷彿《ほうふつ》させるようなキャラクターのタレントが出

カミングアウト
自分がゲイ／レズビアンであることを自分以外の人に言い、その人との関係を変えていく〝プロセス〟に

演じています。またアダルトビデオのタイトルにも、「レズ」「レズビアン」という文字が使われた作品が数多くあります。これは同性愛者の存在が社会に容認《ようにん》されているというよりは、ゲイ（男性同性愛者）やレズビアン（女性同性愛者）の偏《かたよ》ったイメージばかりが先行《せんこう》しているからではないでしょうか。当事者自身も、身近な人に自分が同性愛者であることをカミングアウトしたくても、世間一般で考えられているような〝イロモノ、キワモノ、オネエキャラ〟などのような偏ったイメージから、ためらう事が生じたり、実際にカミングアウトしても相手に理解してもらえなかったりすることがあります。そのため、本来の多様な同性愛者の姿が見えにくくなることがあるのです。また、「人は異性愛であってあたり前」とされている社会通念《しゃかいつうねん》も、同性愛者の前に大きく立ちはだかっている問題です。テレビに出てくるような同性愛的なタレントを目にすることはあっても、同性愛者である知人は周囲にいないし、そんな人には会ったことも見たことも無い、というかたがた（異性愛者の男女）も結構多く存在しています。同性愛者に対する社会の偏見を解消していくには、ごく〝普通〟に生活している市井《しせい》の同性愛当事者たちの姿や存在がもっと見えてくることが有効《ゆうこう》ではないでしょうか。

　日本では同性愛者や同性同士のカップルの権利を保護するための制度や法律が

対して付けられた言葉です。もともとは、アメリカで〝coming out of the closet〟の短縮形として使われるようになったもので、直訳すれば、「クローゼット（自分が同性愛者であることを周囲に言えないでいる状態）の中から出てくる」といった意味になります。

同性同士の権利を認めたフランスのパックスについての本
『パックス――新しいパートナーシップの形』ロランス・ド・ペルサン著／齊藤笑美子訳、緑風出版

ほとんど存在していません。それでも少しずつではありますが、地方自治体《ちほうじちたい》が男女《だんじょ》平等社会《びょうどうしゃかい》への啓発《けいはつ》や推進《すいしん》を目的とした「男女共同参画社会」の取り組みの中で、同性愛者や性同一性障害などの性的少数者《せいてきしょうすうしゃ》の人権擁護《じんけんようご》を盛り込んだ条例ができ始めています。

一方、諸外国《しょがいこく》では次々と同性婚《どうせいこん》や同性同士のパートナーシップ制度が制定されています。一般の企業においても、服務規定《ふくむきてい》などで男女の性差別禁止《せいさべつきんし》と同様、性的指向に対しても差別を禁止することを掲《あ》げているところもありますし、同性のパートナーに保険が適用されたり、福利厚生《ふくりこうせい》が受けられたりもします。日本では、職場での心無いアウティングによって職場に居辛《いづら》くなり、あげくには退職を余儀《よぎ》なくされたという話もあるくらいですから、その土壌の違いを感じずにはいられません。

また国連では、二〇〇四年一月から同性愛者カップルの配偶者《はいぐうしゃ》への手当ての支給や、健康保険《けんこうほけん》の適用を職員に認めることになりました。このような制度による同性愛者の社会的な認知には、まだまだ程遠い日本の現状ではありますが、パートナーシップ制度の権利獲得《けんりかくとく》に向けて、当事者が関心を持って動き出してきています。男同士、女同士であってもお互いの深い愛情と絆《きずな》で結ばれて、長年に渡るパートナーシップや家族関係を営んでいる同性愛者のカップルは多く実在するのです。

アウティング
本人の了承を得る事無く同性愛者であることを他人が言いふらすこと。

国連が認めた制度の適用範囲
その国が、同性婚や同性同士のパートナーシップ制度が制定されている場合のみに適用される。日本人の場合は適用されない。

Q50 男性同士でもセイファーセックスしなければいけないのですか？

男性同士のセックスでは、どんな性感染症に感染する危険があるのでしょうか？あるとしたら、感染の確率を低くするにはどうしたらいいのでしょうか？

セイファーセックスって何ですか？

アメリカでエイズが最初に流行《りゅうこう》した一九八〇年代初頭から中頃まで、エイズはゲイ男性の病気とされ、様々な偏見《へんけん》がマスコミや官僚《かんりょう》によって作り出されました。二一世紀になり、「異性間でも同性間でも、セックスによって誰もがHIVに感染する可能性がある」ことは、日本でも一般的に知られるようになりましたが、HIV感染者／エイズ患者に対する差別や偏見がなくなったわけではありません。

セイファーセックスは、HIVやSTD（性感染症）に感染しない、あるいは相手に感染させないようにするために、アメリカの同性愛者によって考えられました。〝セイファー〟とは、〝より安全な〟という意味で、「絶対に」感染しない（させない）方法ではありません。

NPO法人アカーが地方公共団体と協力して作ったゲイ向けのセイファーセックスのパンフレット。

私たちは「自分は感染していない」という前提《ぜんてい》で、他人からうつされないためにはどうすればいいか、を考えがちです。しかし、HIVの場合、抗体検査《こうたいけんさ》を受けなければ、自分が感染しているか否《いな》かは、知る由《よし》もありません。感染してから発症《はっしょう》するまでの期間は、個人差もありますが、数年から十数年といわれています。ですから、今現在、健康であっても、すでに感染している可能性もあるのです。

また、HIV感染者が、違うタイプのHIVに再感染《さいかんせん》したり、他のSTDに感染するのは、危険です。そういう意味で、セックスをする際には、「感染している」「していない」に関わらず、お互いにとって〝より安全な〟行為を考えていくべきでしょう。

僕は彼氏としかセックスしないから大丈夫だと思うんだけど

同性間であれ、異性間であれ、セックスをするのであれば、わたしたちは常にHIVやSTDに感染するかもしれないリスクを背負《せお》っていることになります。

「自分は特定の相手としかセックスをしないから、セイファーセックスをしなくても大丈夫」と考えている人は、意外に多いのではないでしょうか。しかし、パートナーが「いつ」「どこで」「誰と」セックスしたのかを、事細《ことこま》かに把握《はあく》するのは困難です。セックスは極めてプライベートな行為ですから、パートナーが自分以外の相手とセックスをしたとしても、それを伝えてくれるとは限りません。ましてや私たちがパートナーの性行動をコントロールするのは、不可能と言ってもいいでしょう。

そこには、不特定多数《ふとくていたすう》の相手とのセックスは危険だ、という思い込みがあります。確かに、不特定多数の相手と〝セイファー〟でないセックスをすれば、感染する確率は高くなります。しかし、その都度セイファーセックスをしていれば、感染する確率は、ぐんと低くすることができるのです。逆に、たった一度のセックスであっても、安全でない行為を行えば、感染することもあります。

セイファーセックスって、絶対にしなくちゃいけないの？

セイファーセックスをするかどうかは、最終的には自分（たち）で判断して決めるしかないでしょう。しかし、そのためには、判断するための正確な情報（どのような行為をすれば感染する可能性があるのか、といったセイファーセックスについての知識や、感染した場合に日常生活がどのように変化するかなど）を持っている必要があります。そうした情報を持たない中での決定は、本当の意味での自己決定とは言えません。

セックスをするときの状況や、行為のバリエーションは、様々です。キス、フェラチオ、アナルセックス、身体の様々な部位《ぶい》（乳首《ちくび》・肛門・耳・太ももなど）を舐《な》める……どの行為や部位が、どんなＳＴＤにどれくらい感染するリスクが高いのかは、違っています。

ＨＩＶに限って言えば、相手の体液と自分の身体の粘膜《ねんまく》との接触《せっしょく》によってウイルスの橋渡《はしわた》しが行われるので、一般的には、キスやペッティングで感染することはほとんどないと言われています。一方、コンドームなしでアナルセックスをした場合には、感染する可能性がぐっと上がります。フェラチオも、口内炎《こうないえん》や歯槽膿漏《しそうのうろう》などで口の中に傷がある場合や、口の中で相手の精液《せいえき》を受け止めたりすると、感染する可能性は高くなるでしょう。

キスもペッティングもなく、いきなりペニスをアナルに挿入して「はいおしまい」というセックスは、あまり現実的ではありません（ないとは言いませんが）。セックスにおける流れの中では、感染する可能性の「高い行為」と「低い行為」が様々に組み合わされているのではないでしょうか。ですから、現実には、セイファーセックスを「する」「しない」といった単純明快《たんじゅんめいかい》な場面はむしろ少なく、「この行

ペッティング【petting】
性器を含む、お互いの身体の様々な部位を愛撫したり、手で刺激したりすること。

フェラチオ【fellatio】
ペニスを口にふくんだり、舌などを使って愛撫すること。若い世代の間では「フェラ」と略して使われることもある。語源はラテン語。

為まではいいけど、アナルに挿入《そうにゅう》する（される）ときは、必ずコンドームを着けよう（着けてもらう）」といったように、自分（たち）が好んで行う行為に照らし合わせながら、どこで線引《せんび》きをするのか、前もって決めておいた方がいいのかもしれません。

相手に「コンドーム着けて」と頼んだり、「これはだめ」という自分の意志を伝えたり、セイファーセックスという行為を楽しめるようになるには、トレーニングが必要です。実際の場面では相手との力関係や、言葉を発しにくい状況でのセックスもありますし、絶対にＨＩＶに感染しないセックスというのは、あり得ません。しかし、どんな人も、相手に自分の意志を伝え、セイファーセックスを楽しみ、少しでも感染するリスクを減らすことはできるのです。

ＨＩＶやセイファーセックスについての情報が得られるサイト

●ＮＰＯ法人アカー／ＳＴＤ情報ページ
http://www.occur.or.jp/STD_INFO/index.shtml

●特定非営利活動法人　ぷれいす東京
http://www.ptokyo.com/

●web NEST
http://www.jade.dti.ne.jp/~nest/

●ＨＩＶ検査・相談マップ
http://www.HIVkensa.com/index.html

●ＨＩＶと人権・情報センター
http://www.npo-jhc.com/

Q 51 男性同士の場合、どうやってセイファーセックスすればいいのですか？

「より安全な」セックスをするためには、どんな方法があるのでしょうか？　キスやフェラチオくらいなら大丈夫だよ、と言われたりもしましたが本当ですか？

まず、ＨＩＶによる感染のリスクが低くなるようなセックスのやり方について述べましょう。ＨＩＶは、基本的に粘膜《ねんまく》から体液《たいえき》を介して感染します。体液の中でも、唾液《だえき》にはそれ自身に殺菌力《さつきんりょく》があること、汗は体外に出てしまうことなどから考えて、それらを介して感染する確率は極めて低く、キスや身体をなめる・さわる、といった行為では、ほとんど感染しないと考えていいでしょう。もちろん、セイファー・セックスというのは、あくまで「より安全な」という選択肢《せんたくし》でしかないので、「完ぺき」な予防法はありません。だからセックスをしないという選択をする人もいますが、本当に極小であっても感染確率をゼロにはできないことをふまえつつ、危険を少しでも減らしてセックスを楽しもうという人に向けての考え方になります。

体液を基準に考えると、ゲイ男性の場合、感染確率が最も高い体液は、精液《せいえき》と血液になります。セックスの中で、精液と血液がからんでくる場面を想像してみましょう。

(1) **フェラチオ**　ペニスを口で刺激するわけですから、口の中に射精《しゃせい》されてそれを飲み込めば、直接ＨＩＶを体内に取り入れてしまうことになります。自分の意志で飲み込まずに吐き出したとしても、その一部を飲み込んでしまうこともあります。したがって、口内射精《こうないしゃせい》は避けたほうがいいでしょう。このことから、フェラチオされている側よりも、している側の方が危険度が高くなることがわかります。間違って精液を飲み込んだ場合は、すぐ吐き出しうがいなどをする必要があります。口で愛撫《あいぶ》している限りは、大きく危険度は下がります。しかし、いわゆる「先走り液」の中にもＨＩＶが含まれている可能性がありますから、コンドームを付けてフェラチオをすれば、さらに安全になります。また、口内炎《こうないえん》などで、口内の粘膜が荒れている・傷ついている場合は、そこからＨＩＶが侵入する確率が上がりますから、より大きな注意が必要です。

(2) **アナルセックス**　「趣味」の問題として好まない人もいますが、肛門《こうもん》という傷つきやすい粘膜を持った部分を利用する行為であるために、感染する確率はぐ

ゲイ同士のセイファーセックスを呼びかける冊子
動くゲイとレズビアンの会（アカー）発行

っと上がります。さらに、行為を激しくやればやるほど、その粘膜が傷つく場合も考えられ、危険度が増します。基本的には、アナルセックスの際には、コンドームを使用するのが、原則といっていいでしょう。「生出し」「種付け」などと呼ばれる、直腸内《ちょくちょうない》で射精することは、最も危険な行為になります。これを相手の同意なしにやることは、マナーに反し、無責任といわれても仕方がありません。どうしてもやりたい、という場合には、セックスをする両者（または数人）が、その行為をした後、自己責任《じこせきにん》をとる覚悟で、どこまで危険な行為をするか、きちんと話し合っておくべきでしょう。万が一、コンドームなしで、直腸内に射精されてしまった場合、すぐトイレに行って力んで排出できるだけ排出するだけでも、感染確率をだいぶ下げることができます。

以上の点から考えて、ＨＩＶの感染予防には、コンドームがかなり有効であることが分かります。コンドームもずいぶん買いやすくなりましたが、使う可能性がある時にどこでどう準備をするかは考えておいてソンはありません。日頃持ち歩けば万全《ばんぜん》ですが、持ち運び方によっては、穴が開いたりしますので、丁寧《ていねい》な管理を心がけましょう。装着の練習をしてその使い方に慣れておいたりすることも必要です

（Q26参照）。付けるタイミングとしては、勃起をした最初の時点が最も安全でしょう。付ける意味がある最低限のタイミングとしては、アナルセックスの前、ということになります。

その他のSTD（性感染症）についても見ておきましょう。感染の仕方がほぼHIVと同じである、B型肝炎・C型肝炎のウィルスに関しては、HIVと同様の方法で予防できます。しかし、粘膜と粘膜の接触だけで感染する可能性があるクラミジア・淋病《りんびょう》（ともに細菌）の予防まで考えると、フェラチオでもコンドームを装着する必要が考えられます。

それ以外では、尖圭コンジローマや性器ヘルペス（ともにウイルス）は、粘膜を中心にそれより広い範囲の接触でも感染します。A型肝炎（ウイルス）は、尿を飲んだり、便（及びそれが付いていそうな肛門周辺）をなめることで感染します。毛じらみは、寄生虫ですので、セックス中のみならず、陰毛・わき毛・衣類・寝具・風呂などからもうつります。

こうして挙げて行くときりがない、と思われるかもしれません。しかし、HIV以外のSTDの多くは、早めに感染に気付いて病院に行けば、比較的早期に直すことができます。ですから、それぞれの感染症について、情報を持ち、不安な点が合ったら病院へ行く（今はプライバシーまで言わなくても診療を受けられます）ことによって、心配は軽減《けいげん》されます。また、ＳＴＤの詳しい情報を知ることで自分が好むセックスの仕方に対応した予防法を考えることもできます。無関心ではいられない自分の「生」にかかわることではありますが、過剰《かじょう》に警戒《けいかい》しすぎると、セックスができなくなるという側面も考えねばなりません。

ですから、セックスをする時に、どこまでＳＴＤ感染予防を意識するかの線引きは、個人の自己判断に委《ゆだ》ねられることになります。一般的には、感染した時に、より対応が大変なＨＩＶへの感染予防が最優先されていますが、そうするかどうかも含めて、「クラミジア・淋病も気になるので、勃起したらすぐコンドームを付ける」など、自分で方針を決めることが大切です。ただ、セックスは二人（以上）でやるものなので、その方針を押し付けるのではなく、お互いに話したうえで納得して楽しむことは最低のマナーでしょう。

Q52 男性同士でセイファーセックスをするにはどのような関係性がいいですか？

いざセックスという時にセイファーセックスしようって言いにくいんですけど……。コンドーム着けてなんて言うとしらけちゃうし、どうすればいいでしょう？

いざとなるとむずかしい？

ＨＩＶの感染を防ぐには、コンドームの装着《そうちゃく》が有効です。ＨＩＶは精液や血液などに多く含まれているので、体液が粘膜の傷口などに直接触れる可能性のある行為（アナルセックスやフェラチオなど）をする場合には、コンドームを相手に着けてもらう（あるいは自分が着ける）といいでしょう。とはいえ、それを実行するとなると、意外に難しいかもしれません。いざとなったら「できなかったんですけど……」という相談は、私たちが運営する「すこたん企画」にもたびたび寄せられています。

そもそも人間は、理性的《りせいてき》「すぎる」状態ではセックスをすることができません。セックスが始まる前は、自分を性的に興奮させ、これから始まる営みの内面的な

「準備」をしなければなりません。また、セックスに没頭《ぼっとう》しているときは、明日の仕事のことも、期末試験のことも、車の定期点検のことも、気になるドラマの続きのことも忘れ、「理性」を意識の外に追いやっています。ですので、頭では「セイファーセックスしなくちゃ」とわかっていても、現実の場面では衝動的《しょうどうてき》に振る舞いやすく、行動に移すことが難しいという側面があります。

しかし、そういった人間の側面を否定したり、「できなかった」自分を責めても、問題の解決にはなりません。セックスの時には衝動的に振る舞いやすいのが人間であり、そんな人間の一面を認めた上で、どんなふうにセイファーセックスを行動に反映《はんえい》させればいいかを考えた方が、より現実的なのではないでしょうか。

例えば、セックスの最中であっても、性的な興奮が萎《な》えない程度に、上手に理性を入り込ませることはできますし、「コンドームを着ける」という行為を、お互いに楽しんだりすることもできます。セイファーセックスそのものが楽しくなるような工夫を、パートナーと考えてみるのも、案外《あんがい》楽しいかもしれませんよ。

相手がコンドームをつけたがらないときはどうすればいいの？

そもそもセックスは、一人でするものではなく、二人以上の人間が、お互いの合意《ごうい》の上で、快楽《かいらく》を共有し合う営みです。ですから「セイファーセックスをしたい」という自分の意志を相手に伝えるのは、悪いことでも何でもありません。相手が合意してくれれば、安心してセックスを楽しむことができますし、どうしても合意が得られなかったら、その人とはセックスしなければいいのですから。

しかし、前述のように、いざセックスが始まってしまうと「コンドーム着けて」と相手に言ったり、自分が着けることに合意してもらうタイミングを失ってしまいがちです。

何も言い出せないままセックスが始まってしまうと、「コンドームのこと、いつ切り出そうかな……」という想いが頭から離れず、行為に集中できなかったり、「やっぱ、めんどくさいからいいや。一回くらい大丈夫でしょ」と根拠のない言い訳を自分ででっち上げてしまいがちです。

「感染したら（させたら）どうしよう」という不安を抱えたままセックスをしても、心からセックスを楽しむことはできません。また、セックスの最中にコンドームのことを切り出せたとしても、そこで相手が合意してくれないと、お互いに気持ちが萎《な》えてしまい、深い傷を負ってしまうこともあります。そうなると「やっぱり言わない方がよかったのかな……」なんて自分を責めてしまいますよね。ですから、やはり裸になる前に、セイファーセックスについての話をしたいものです。

セックスに対する罪悪感《ざいあくかん》を捨てよう

私たちは、人間の性的な欲望やセックスについておおっぴらに話をするのはよくないことだ、という罪悪感を刷《す》り込まれています。セイファーセックスについて具体的な話をするためには、その罪悪感を捨てなければなりません。そのためには、日常生活の中でも、気軽にパートナーとセックスについての話ができるように心がけることも、大切なのではないでしょうか。

ホレた弱みで、なかなか言い出せません

相手との関係で、相手が自分よりも大きな「力」を握っている場合、セイファーセックスのことを切り出しにくい、という場合もあります。その「力」とは、相手の容姿《ようし》であったり、お金であったり、年齢であったり、その場を支配する雰囲気《ふんいき》であったり、様々です。「自分が一方的にホレてたから、嫌われるのが怖くて言えなかった」とか「みんなが生《なま》（コンドームを着けない状態のペニス）でやってるのに、自分だけ『着けて』なんて言えなかった」というのは、よくある話です。

エイズに関する当事者のための電話相談

●NPO法人アカー
HIV感染者／エイズ患者
第二日曜日一五～一八時　第四金曜日一九～二一時
相談☎　〇三―三三八〇―二二六九

●HIVと人権・情報センター
ゲイ回線（ゲイの相談員によるゲイのための電話相談）
東京　第二・第四日曜日　一九～二一時
大阪　第一・第三土曜日　一八時～二一時
相談☎　〇三―五二五九―〇七五〇
相談☎　〇六―六八八二―〇三一三
レズビアン回線（同じようなセクシャリテイをもつ相談員による電話相談）
東京　第二・第四日曜日　一九～二一

もしも相手が自分より大きな力を持っていて、「セイファーセックスをしたくない」という主張を押し通そうとしてきた場合、どうすればいいでしょうか。まず何よりも、あなたには自分を守る権利があるのだ、ということを忘れないでください。どうしても合意が得られなければ、セックスを「しない」という選択もできます。あなたは、あなたの気持ちを大事にしていいし、あなたの気持ちを尊重してくれる人とセックスをした方が、気持ちのいいセックスができるかもしれませんよ。

一時
相談☎　〇三―五二五九―〇二五九
●ぷれいす東京・Gay Friends for AIDS
HIV陽性者のための相談
木曜日一一時～一四時　金曜日一七時～二〇時
相談☎　〇三―三三六一―八九〇三

Q 53 女性同士でもセイファーセックスしなければいけないのですか？

女性同士ではセックスをしても妊娠しませんから、特にセイファーセックスをする必要はないですよね。何も特に気を付けなくてもよいのでは？

女性同士の場合のセイファーセックスとは、避妊《ひにん》ということではなく主に性感染症の予防を指します。ＨＩＶや性感染症のウィルスは膣分泌液《ちつぶんぴつえき》にも含まれていますので、粘膜や血液（傷口）を介して感染する可能性があります。オーラルセックス（クンニリングス）や膣内に指や性具《せいぐ》（ディルドやバイブレーターなど）を挿入する場合、生理中のセックスなど感染する可能性を十分に考慮《こうりよ》して、女性同士であってもセイファーセックスを心掛けることはとても大事なことです。

女性同士のセックスは男女間や男性同士のセックスに比べると、性感染症にかかりにくい、かからないと〝思い込んでいる〟レズビアンやバイセクシュアル女性の当事者が多く見られますが、セイファーセックスの必要性を感じない、セイファーセックスを行わない理由には次のようなものが考えられます。

・特定の相手、パートナーとだけしかセックスをしないから、何の心配もない。

・自分のまわりには女性同士のセックスで性感染症にかかったという話しをほとんど聞いたことがないから、現実の問題として考えにくい。

・セイファーセックスは性感染症の予防というより、男女間のセックスの際の避妊としてとらえているので、女性同士のセックスには関係ないと思う。

・セイファーセックスが必要であるとは思っていても、相手にきちんとそのことを告げたり、説明しにくい。

性感染症の中には潜伏期間《せんぷくきかん》（感染症によって潜伏期間は異なる）のあるものや、すぐには症状がでないもの、自覚症状がないために感染していても気付きにくいこともあります。現在はひとりの決まった相手としかセックスをしていなくても、恋人やパートナーが替《かわ》った時などには、性感染症にかかっていないかどうかの検査を行うことは、自分だけでなくセックスする相手にとっても大切なことではないでしょうか。

女性の性感染症予防を考える会ＷＲＡＰ　ＵＰ！のパフレット
Ｅメール：wrap_up@hotmail.com

これまで女性同士のセックスにおいて、セイファーセックスがそれほど重要視されてこなかったのは、あまり事例を聞いたことがない、周囲《しゅうい》でも語られていなかったなどの現状があるからかもしれません。女性同士でのセイファーセックスが、実際にはどのように行われているかなどのリサーチも少ない状況です。しかしここ数年、レズビアンやバイセクシュアル女性を対象とした雑誌上でも、セイファーセックスに関する記事が掲載《けいさい》されることが多くなってきました。レズビアンが多く集まる場所でワークショップが行われたり、小冊子が作られたりなど、その関心は高まってきています。

それではどういった場合、女性同士でセックスする際にセイファーセックスがより重要と考えられるのでしょうか。

・複数の相手とセックスをしても構わないと考えている、また実際に複数の相手とセックスをする機会がある時。
・自分自身だけでなくセックスをする相手も、お互いが性感染症にかかっていないかどうか、全くわからない。

・ディルド（張り型）やバイブレーターといった性具《せいぐ》を使用する時。また性具をセックスの相手と共有する時。

・特に手指に傷がある時や生理中の時。また生理時のナプキンによるかぶれやおりものによるかゆみなど、女性器周辺に皮膚の炎症が見られる時。クラミジア頸管炎などで粘膜に傷がある場合。

恋人やパートナー以外にセックスフレンドがいる場合や、恋人やパートナーはいなくとも、セックスを楽しむ相手が複数いる場合などは、セイファーセックスは必須《ひっす》といえるのではないでしょうか。

また、最近は女性による女性のための性風俗《せいふうぞく》のお店もありますが、性感染症のリスクを少なくするためにはセイファーセックスを取り入れているかどうかなどの確認をとったうえで利用することが好ましいでしょう。

Q54 女性同士で、どうやってセイファーセックスすればいいのですか？

セイファーセックスの方法はいろいろとあるし、最近ではセイファーセックスグッズの種類もずいぶんと増えてきていると聞きますが、本当ですか？

女性器《じょせいき》周辺や膣《ちつ》内部と直腸《ちょくちょう》の粘膜はとても敏感で傷がつきやすいところです。セックスする際には、爪を短く切っておくほうがよいでしょう。切った後はヤスリをかけるなどの手入れをして爪を滑《なめ》らかにしておくことも大事です。また、爪の間というのは汚れによる雑菌《ざっきん》が入りやすいだけでなく汚れを取りにくい部分でもありますので、爪ブラシなどを使って石鹸でよく洗っておく必要があります。身体だけでなく、相手の性器《せいき》に触れる手や指は特に清潔《せいけつ》にするよう、こころがけましょう。

医療現場《いりょうげんば》などで使用されている薄手でピッタリとしたサージカル・グローブは、手指に傷がある場合には必須《ひっす》です。傷口に雑菌が入らないようにするだけでなく、手指の雑菌を相手の膣内等に入れることを防ぐことができます。このようにサージカル・グローブの使用は効果がありますが、注意しなければいけないこともあります。一度膣に入れたグローブをそのまま肛門（直腸）に入れることは絶対にやめましょう。その逆も同様で、肛門に入れたものを膣に使用するのもよくありません。ウィルスを移動させてしまう可能性が高いからです。いったん使用したグローブは必ず取り替えましょう。最近は薄型の指サックのような指用のコンドームも販売されています。手首までぴったりと覆ってしまうグローブだと、なんとなく抵抗があると感じるかたは、こういったものを使用してみてはいかがでしょうか。

デンタルダム（歯科で治療の際に使用されている薄いラバー）はクンニリングス（女性器周辺を口唇で刺激する）の時にも使うことができます。ダムを性器にあてがい、その上から愛撫《あいぶ》するわけです。膣分泌液と口（唾液《だえき》）からの感染を防ぐには有効な方法ですが、一方ではこういったものを使用するのが面倒くさい、などの不評も聞かれます。セイファーセックス専用のデンタルダム（香りや味がつけられたもの）もいろいろと販売されるようになってきましたので、まずは試してみよう、楽しみながら使ってみようという気持ちで、積極的に性感染症を予防していきましょう。

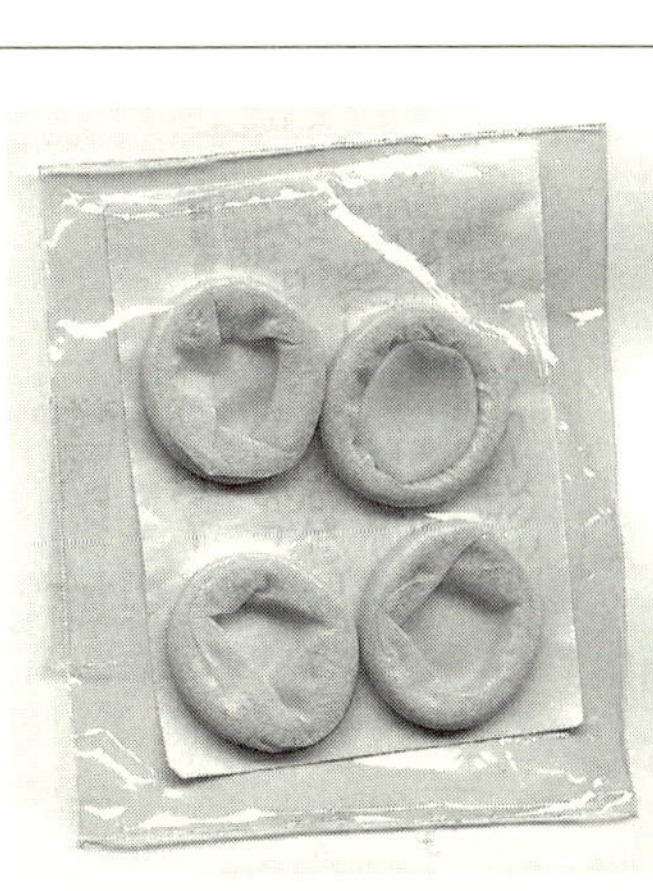
指用のコンドーム写真

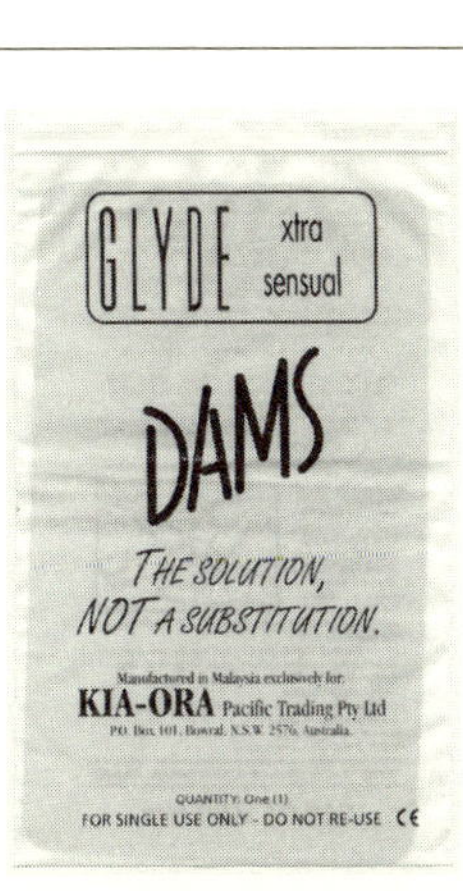

デンタルダム写真

ディルド（はりがた）やバイブレーターといった性具を使用する場合には、それらの性具にコンドームを装着して使用することが望ましいです。特に複数で性具を共有する場合には必須ですし、使用したコンドームは必ず忘れずに取り替えましょう。サージカル・グローブの使用と同様に、膣に入れたものと同じものを肛門に入れる場合やその逆の時も必ず新しいコンドームに取り替えましょう。せっかくサージカル・グローブやコンドームを用意し、セックスの際に使用したとしても、正しい使い方をしなければ何の効果もありませんし、性感染症をより確実に予防することができないのです。

ローション（潤滑剤《じゅんかつざい》）を使用し滑りを良くすることで、摩擦《まさつ》による傷や炎症を、膣内部や直腸の粘膜、外性器に付きにくくすることができます。ただし、ローションを使用したからといって、絶対に裂傷が付かないということではありませんので、過信《かしん》せずにコンドームやサージカル・グローブなどを併用して、性感染症から身を守りましょう。自分やパートナーに合ったセイファーセックスグッズは、どのようなものなのか話し合ったり、二人でいろいろと探してみるのもセックスという行為だけでなく大事なコミュニケーションになるのではないでしょうか。

ラブピースクラブのサイト
www.lovepieceoiup/com/
女性が主体的に楽しめて活用できるセックス・グッズ・ストア。セイファーセックス・グッズも充実しています。通信販売で購入できます。

ＨＩＶや性感染症の検査を定期的にきちんと受け、自分の体がどのような状態であるかを把握《はあく》しておくことも大事なセイファーセックスと言えます。婦人科に行くことをためらう女性はまだまだ多いかと思います。しかし、性感染症にかかるようなリスクのあるセックスをしてしまった時、また体調がおかしいと感じた時には、いたずらに不安がらずに専門医に検診《けんしん》してもらいましょう。病院に行くことを恥ずかしいと思ったり、ためらっていては何の解決にもなりませんし、もし性感染症にかかっている場合には早期の発見と治療が重要です。

自分の体の状態を知るということは、自分のためだけに行うものではなくパートナーや恋人など、セックスの関係を持つ相手の体や健康にも思いやりを示す大切なことです。セックスをする相手が替わる時、複数の相手とセックスをする人などは特に重要です。また、もし自分が性感染症等の治療中である場合には、その事実を隠すことなく相手に告げる勇気や潔《いさぎよ》さが重要です。お互いにしっかりとコミュニケーションを計り、正しいセイファーセックスを行うことこそ、優しく思いやりのあるセックスであり、性感染症にかからない安心できるセックスなのです。

Q55 女性同士でセイファーセックスをするにはどのような関係性がいいですか？

セイファーセックスが大事なのはわかりますし、自分はセイファーセックスをしたいと思いますが、うまく相手に伝える自信がありません。

ひとことで言ってしまうのであれば、何でも話しあえる関係、ということになるのでしょうが、これはかなり難しいことであると思います。ことセックスに関して互いの欲望《よくぼう》や願望《がんぼう》を相手に漏《も》れなく伝えることができる関係は、それこそ理想であると考えられますが、実際にはどれだけの人がそういったコミュニケーションを築《きず》いているのでしょうか。

セックスの行為で相手にしてもらいたいこと、してもらいたくないこと、相手にしてあげたいこと、相手がそれを望んでいても、どうしてもするのをためらう行為、それらをすべてを互いに伝え合い、折り合うことができれば、当然セイファーセックスもできることでしょう。しかしなぜ、そういったコミュニケーションを取り辛《づら》いのか、ここでは女性の立場から考えてみましょう。

元来《がんらい》女性はセックスにおいて受身の立場であると、とらえられており、女性から誘う、つまり女性が自分の性的欲望を表に出して主体的《しゅたいてき》に行動することは、好ましいことではないとされていました。言いかえればセックスは常に男性主導《しゅどう》で、男性の性的欲望のおもむくままに行われてきた場合が多く、そのために長い間女性の性的欲望は無いものとされていたり、男性に都合の良い解釈がなされてきました。例えば、男女間のセックスといえば「挿入行為《そうにゅうこうい》」であると考えられている場合がほとんどで、仮に女性が挿入行為ではあまり感じることが無くても、それに対してはさほど問題視《もんだいし》はされず、女性の側もその事実を相手に伝えるどころか感じるふりをしてしまうなど、コミュニケーションが全く成り立たっていない状態が見うけられます。

女性が感じているふり（演技）をすることは、一見すると相手を思いやる行為にもみえますが、演技をし続ける女性は遅かれ早かれ嫌気《いやけ》がさしてくるでしょうし、男性のほうも演技をしていることがわかれば傷つくこともあるでしょう。また難しいのは、どちらかがその気になっていても、相手も同じように気持ちや欲望が高まっているかどうかはわかりません。恋愛の初期段階《しょきだんかい》では互いに求める度合いも容易《ようい》にマッチするでしょうが、何年か経って関係性も安定してくると、相手が望んでいても自分は気が乗らない時もあるでしょうから、その時にどのような対応《たいおう》と対処《たいしょ》をするか、これもコミュニケーションの見せ所ではないでしょうか。

さて女性同士であれば、よりセックスに関して互いに適切なコミュニケーションが取れるのではないかと想像できますが、実際にはこちらもなかなかそうはいかないようです。女性同士の場合、セックスの経験を重ね心身ともに開放されていくと共に、性的欲望を語ることが容易になってくるようです。それでも相手にこんな事を求めたら、嫌われてしまうのではないかと心配になり、自分の欲望を相手に伝えることに消極的《しょうきょくてき》な女性も多いのではないでしょうか。

また、セックスと言えば「挿入神話《しんわ》」からか、女性同士では男性器（ペニス）が存在しないことで、ディルドやバイブレーターといった男性器を想像させる性具を必ず使用するものだという印象が持たれており、これについてはレズビアンの間でも長い間是非《ぜひ》が問われていたものでした。最近では男根神話も薄れ女性同士のセックスに限らず、女性が主体的に性具を取り入れて楽しむ傾向《けいこう》になってきているように思います。

セイファーセックスは感染症等の予防だけではなく、例えばこんなことにも利用できるのではないでしょうか。仮に女性同士の場合、セックスの相手がクンニリングスをすることに抵抗を感じているのはわかるが、できればクンニリングスをしてもらいたい時など、デンタルダムを介在《かいざい》することによって、その行為が成立するかもしれません。性器は排泄気管《はいせつきかん》でもありますから、「汚いかもしれない」とそういった観点《かんてん》から抵抗を感じてしまう人がいることも否《いな》めません。セックスの経験を積んでそういったことから開放されましょう、と片付けるのではなく、セイファーセックスで行えば大丈夫かもしれない、と互いに前向きに進むことができるのではないでしょうか。

セックスは相手があっての行為ですから、お互いを思いやり自分本意《じぶんほんい》にならないなど、その関係性が問われる場面でもあります。より対等なコミュニケーションができる=セイファーセックスができる関係、ということが言えるのではないかと思います。

プロブレムQ&A

Ⅷ おわりに

Q56 セイファーセックスの知識が、いまなぜ必要なのですか？

性知識を子どもの頃から教えると、逆に子どもを混乱させたり、変に興味をもたせてしまうという意見もありますが、どう思いますか？

本書では「同性愛者のセイファーセックス」として別の章を作りました。しかし性的指向が同性に向いていても、異性に向いていても、ＨＩＶを始めとする性感染症に対して「より安全なセックス＝セイファーセックス」が必要であること、そしてそのためには性的交流の場では、お互いの意志や気持ちを尊重することが大切なのだという点では全く同じであることがおわかりいただけたと思います。ただ唯一、異なる点は性的指向が異性に向いている場合には妊娠についても「より安全なセックス」でなければならないことです。

このようなことを考えれば、自分を知ること、自分を大切に思うことが、他人を尊重することになり、心とからだの健康を守ることになるのです。そしてそのための教育が必要なのです。

心とからだの安全と健康を自ら守ることができるようにするのは、五歳の幼児《ようじ》にとっても、一八歳の思春期の子どもにとっても必要なことです。そのために子どもたちに何を伝えるかは、子どもたちを取り巻く環境の変化に即応したものでなければならないと思います。

心の安全と健康とは、親から愛されているということの確認と、それによって確立される自己《じこ》を肯定的《こうていてき》に受け止めることができ、そして親を尊敬《そんけい》し他人を尊重《そんちょう》することができるように成長することで得られます。

からだの安全と健康とはからだの構造と働きを科学的に知ることによってこそ守ることができるのです。自らの目で見、耳で聞き、鼻で嗅ぐことが身の安全・健康を守ることです。また、命を守り、からだの働きをスムースにするために、食に対して科学的態度で注意を払うことも大切です。

そして、便と尿の排泄《はいせつ》や清潔《せいけつ》を守ることも大切ですが、そのためには肛門《こうもん》やペニスや大陰唇《だいいんしん》や小陰唇《しょういんしん》そしてその奥の膣の構造《こうぞう》を知る必要があります。

下着を着けて覆《おお》うこの場所は、一人一人の人間が大事にし、他人（それは大人であろうと先生であろうとも）に踏み込まれないように自分で守る所（プライベートゾーン）です。それは膣でありペニスであり陰嚢《いんのう》であり、ちゃんとした名前のある身体

の一部です。それらを正しく知ることが大事なのです。

しかし今日本では、子どもの環境はどうでしょうか。

学校でこのような科学的で正しい知識を伝えるより前に、マンガや週刊誌、テレビゲームは際限《さいげん》なく子どもの心を「彼等好《かれらごの》みに」染め上げています。「子どもたちは寝ている」のではなく、揺さぶられ、目と耳をこじ開けられているのです。本来はこれより前に子どもたちの心とからだの成長の具合をよく知っている親たちが家庭で心とからだの安全と健康を守れるような科学的知識を伝えるのが望ましいことですが、膣とかペニスとか口にするのも憚《はばか》られるという精神状態にある親世代はとてもその役を担うことができません。ですから学校が代わってやらなければならないというのが現実です。

知的発達《ちてきはったつ》がゆっくりとした子どもでも、からだは遅い早いはあっても成長します。自分はどうしてこの世にいるのか不思議に思います。ふとしたきっかけで、性器への刺激が今まで感じたことのない不思議な感じを呼び起こすことを知ります。いつもと違う夢でおねしょをしたような冷たさで目を覚まし身を縮《ちぢ》めたり、異性の手を握りたい衝動《しょうどう》にかられたりします。このようなことにぶつかって子どもたちが戸惑《とまど》い恥ずかしい思いをする前にそのことを知っていれば戸惑うこともないはずです。

ところが、そのような心とからだの変化が起こることをどう伝えようかと養護《ようご》学校の先生たちが、長年かけて作り上げて来た授業と教材が持ち去られるということが平成十六年に起こりました。そして男性と女性がどう違うのかを教える人形の、一番大切に守らなければならない所を露出《ろしゅつ》して写真を撮り公《おおやけ》の目にさらすという、「こころと身体を大事にしよう」という基本とは全く反対のことをやってしまったのが東京都教育庁であり、マスコミでした。しかもそれによって、子どもたちが自分たちの心とからだの健康を守れるようにしようという教育がバッシングを受けてしまったのです。

また都では、望ましい男女共同参画《さんかく》社会の実現にむけた取り組みの一環として、男女混合名簿《こんごうめいぼ》の導入《どうにゅう》を推進《すいしん》していたのですが、『男らしさ』や『女らしさ』をすべて否定するような誤《あやま》った『ジェンダー・フリー』の考えに基づき、男女混合名簿を導入しようとするものがある。そのため、学校の現場に混乱を招いているという報告がある」として、平成十六年八月二十六日に「『ジェンダー・フリー』にかかわる配慮《はいりょ》事項について」という次のような内容の通知が都立学校長及び区市町村教育委員会に対して出されました。「『男らしさ』や『女らしさ』をすべて否定するよう

ジェンダーフリー
ジェンダー本来の意味は文法用語で、すべての名詞を女性名詞、男性名詞、中性名詞にわけているが、これは雄性、雌性を忠実に意味するものではない。
そのことから心理社会学的な意味での男性性、女性性を表わす言葉となった。したがって『ジェンダーフリー』はタックスフリーのように『心理社会学的な性別にしばられない性』すなわち心理社会学的につくられてきた性役割にしばられないことを意味する。

な誤った考えとしての『ジェンダー・フリー』に基づく男女混合名簿を作成することがあってはならない」。即《すなわ》ち「『男らしさ』や『女らしさ』を全て否定するような誤った『ジェンダー・フリー』」の過ちをただすのではなく、学校現場で起こった混乱を鎮《しず》めるために「男女混合名簿を止める」という「望ましい男女平等参画社会の実現にむけた取組」を止めてしまったことになります。

男と女という生物学的な性は性染色体《せいせんしょくたい》によって決まっています。しかし人間に限らないことですが、染色体に載《の》っている遺伝子によって生物体としての形態や機能や精神性のすべてが決められているわけではありません。遺伝子が全く同じである一卵性双胎《いちらんせいそうたい》やクローンで作られた動物が、極めて良く似ているけれども見分けられる程の差があることは良く知られた科学的事実です。男らしさ、女らしさと一般的に言われる性質も、個人個人を見ればいろいろな割合で、いわゆる女らしさ男らしさが混じりあっていることを多くの人が感じていることでしょう。更に、染色体では男あるいは女であるのに、それに違和感を感じる人たちがいることも知っています。

「理性的である」ことは男らしさとされますが、感性の豊かさから涙腺《るいせん》を緩《ゆる》めやすい人もいます。男なら涙を見せるなと言われてもどうしようもないことでしょう。

「受動的」とか「出しゃばらない」は女らしさを示すとされますが、自分の感じたとおりに、これは変だと思ったことは「変だ」と主張したい人もいます。

男社会の決まり（規範《きはん》）に左右されて「変だと思っても口を噤《つぐ》んでしまう」で動いてしまう社会の中で、「これは変だ」と主張する女性の目が重要だと私は思います。これが少なくとも今の時点で男女共同参画社会の持つ利点ですし、それが、何か閉塞《へいそく》状態にある現在を、皆が元気になる社会に変えて行く力の源《みなもと》になると思います。大学の教授、国や地方自治体の議員や公務員、裁判官、団体職員などの何十パーセントかを女性が占めるようになることが、それを推進して行くことになると思います。

女性が働く場に増えると、妊娠・出産・育児のために働く場での人手の問題が出てきますが、それは明治以来の男の働き方で評価するために起こる問題であり、男が次の世代を育てることや、子育ての場である家庭を大切にするのも社会人として、生活人として、当然なことという意識が芽生《めば》えれば解決することでしょう。

男性も女性も自分らしさを大事にして、自立することによって、心とからだの健康を守るセーファーセックスの考え方、それに基く行動を身につけることが大切なのです。

〈著者略歴〉

堀口貞夫（ほりぐちさだお）　Q 1～Q 47、Q56担当

産婦人科医。東京医科歯科大学医学部卒。東京大学医学部産科婦人科教室を経て、同愛記念病院産婦人科医長、都立築地病院産婦人科部長、愛育病院院長などを務める。現在は医療法人・中林病院、「主婦会館クリニック・からだと心の診察室」で診察を行う。豊富な経験を元に執筆活動、妊婦にやさしい小冊子作りなどに携わっている。

堀口雅子（ほりぐちまさこ）　Q 1～Q 47、Q56担当

産婦人科医。群馬大学医学部卒。東京大学医学部産科婦人科教室を経て、愛育病院、虎の門病院産婦人科医長を経て定年退職。現在は「女性成人病クリニック」「主婦会館クリニック・からだと心の診察室」で診察の傍ら、小・中・高校の生徒、ＰＴＡ対象の啓蒙活動「性の健康教育」を行っている。県立大学や国立病院の助産学の講師を勤める。「性と健康を守る女性専門家の会」会長。千代田区の教育委員でもある。臨床医としての経験に基づいた多くの著書がある。

伊藤　悟（いとう　さとる）　Q 48、Q 51担当

「すこたん企画」主宰。『ひょっこりひょうたん島』から、一人ひとり異なる人間が、共に生きていくことのすばらしさと、知恵と勇気と希望を受け取る。それを「同性愛者」「異性愛者」の共生においても実践し、多彩な活動をしている「ひょうたん島民」。主な著書に『Q&A同性愛って何？』（緑風出版）、『同性愛がわかる本』（明石書店）、『多様な性がわかる本』（虎井まさ衛氏との共編著／高文研）、『ひょうたん島大漂流記』（飛鳥新社）などがある。ウェブサイトはhttp://www009.upp.so-net.ne.jp/hyoutanjima/

簗瀬竜太（やなせ　りゅうた）　Q 50、Q 52担当

1962年東京都生まれ。同性愛に関する正確な情報を、当事者と社会に伝えていくため、94年9月にパートナーの伊藤悟と「すこたん企画」を設立した。「すこたん企画」プロデューサー。無類の猫好き。著書に『Q&A同性愛って何？』（緑風出版）、『男と男の恋愛ノート』（太郎次郎社）、『異性愛をめぐる対話』（飛鳥新社）などがある。

【すこたん企画】　〒273-0031　千葉県船橋市西船1-19-22さくらハイツB24号
電話／FAX：047-432-7085　e-メール：info@sukotan.com
ウェブサイト：http://www.sukotan.com/

大江千束（おおえ　ちづか）　Q 49、Q 53～Q 55担当

1960年東京都生まれ。東京中野にあるレズビアンとバイセクシュアル女性のためのコミュニティ、LOUD（ラウド）の代表。「Life & Rights～同性パートナーシップの権利と生活の保障を求める会～」の運営メンバー。主な著書に『Q&A同性愛って何？』（緑風出版）などがある。

小川葉子（おがわ　ようこ）　Q 49、Q 53～Q 55担当

1963年東京都生まれ。LOUDの副代表として活動している。『Q&A同性愛って何？』（緑風出版）、『同性愛がわかる本』（明石書店）、『多様な「性」がわかる本』（高文研）にてエッセイやライフヒストリーを執筆。同性愛者も異性愛者と同様に、パートナーとの関係性を社会的にも認知される将来を望んでいる。

【LOUD】〒164-0001　東京都中野区中野5-24-16中野第2コーポ601
e-メール：loud@space-loud.org　ウェブサイト：http://www.space-loud.org/

プロブレムQ＆A

10代からのセイファーセックス入門

［子も親も先生もこれだけは知っておこう］

2005年7月25日　初版第1刷発行　定価1700円＋税

著　者　堀口貞夫・堀口雅子・伊藤　悟
　　　　簗瀬竜太・大江千束・小川葉子©

編集協力　玉田圭永子

発行者　高須次郎

発行所　緑風出版
〒113-0033　東京都文京区本郷2-17-5　ツイン壱岐坂
〔電話〕03-3812-9420　〔FAX〕03-3812-7262　〔郵便振替〕00100-9-30776
［E-mail］info@ryokufu.com
［URL］http://www.ryokufu.com/
装　幀　堀内朝彦

組　版　R 企 画　　印　刷　モリモト印刷・巣鴨美術印刷

製　本　トキワ製本所　　用　紙　大宝紙業　E3500

Printed in Japan　ISBN4-8461-0510-5　C0336

●緑風出版の本

▨全国のどの書店でもご購入いただけます。
▨店頭にない場合は、なるべく書店を通じてご注文ください。
▨表示価格には消費税が加算されます。

プロブレムQ&A
同性愛って何？
［わかりあうことから共に生きるために］
伊藤 悟・大江千束・小川葉子・石川大我・簗瀬竜太・大月純子・新井敏之著
A5判変並製 二〇〇頁 1700円
同性愛ってなんだろう？ 家族・友人としてどうすればいい？ 社会的偏見と差別はどうなっているの？ 同性愛者が結婚しようとすると立ちはだかる法的差別？ 聞きたいけど聞けなかった素朴な疑問から共生のためのQ&A。

プロブレムQ&A
性同一性障害って何？
［一人一人の性のありようを大切にするために］
野宮亜紀・針間克己・大島俊之・原科孝雄・虎井まさ衛・内島 豊著
A5判変並製 二六四頁 1800円
戸籍上の性を変更することが認められる特例法が今国会で可決された。性同一性障害は、海外では広く認知されるようになったが、日本はまだまだ偏見が強く難しい。性同一性障害とは何かを理解し、それぞれの生き方を大切にするための書。

パックス
――新しいパートナーシップの形
ロランス・ド・ペルサン著／齊藤笑美子訳
四六判上製 一九二頁 1900円
欧米では、同棲カップルや同性カップルが増え、住居、財産、税制などでの不利や障害、差別が生じている。こうした問題解決のため、連帯民事契約＝パックスとして法制化したフランスの事例に学び、新しいパートナーシップの形を考える。

性なる聖なる生
――セクシュアリティと魂の交叉
虎井まさ衛・大月純子／河口和也著
四六判並製 二四〇頁 1700円
セクシュアル・マイノリティーは、神からタブーとされる存在なのか？ 性別適合手術は神への冒瀆なのか？ 別々の視点から「聖なるもの」を語り、一人一人の性を自分らしく、今を生き生きと生きるために性と聖を見つめなおす。

私たちの仲間
結合双生児と多様な身体の未来
アリス・ドムラット・ドレガー著／針間克己訳
四六判上製 二七二頁 2400円
結合双生児、インターセックス、巨人症、小人症、口唇裂……多様な身体を持つ人々。本書は、身体的「正常化」の歴史的文化的背景をさぐり、独特の身体に対して、変えるべきは身体ではなく、人々の心ではないかと問いかける。

プロブレムQ&A
どう考える？　生殖医療
［体外受精から代理出産・受精卵診断まで］
小笠原信之著
A5判変並製　二〇八頁　1700円

人工受精、体外受精、代理出産、クローンと生殖分野の医療技術の発展はめざましい。出生前診断で出産を断念することの是非や、人工授精児たちの親捜し等、いろいろな問題を整理し解説するとともに、生命の尊厳を踏まえ、共に考える書。

人クローン技術は許されるか
御輿久美子他著
四六判並製　二三六頁　2000円

いわゆる「人クローン規制法」は人へのクローン技術を促進する法との批判が高まっている。生命倫理、宗教、人権の視点から厳しい規制を課す欧米諸国の状況と比較して、日本の歯止めなき推進の実態を浮き彫りにし、内容と問題点を分析。

生命特許は許されるか
天笠啓祐／市民バイオテクノロジー情報室編著
四六判上製　二〇〇頁　1800円

いま、多国籍企業の間で特許争奪戦が繰り広げられ、いままでタブーとされてきた生命や遺伝子までもが特許の対象となりつつある。私たちの生命が特定の企業によって私物化されるという異常な状況は許されるのか？　具体的な事例をあげて解説。

プロブレムQ&A
許されるのか？　安楽死
［安楽死・尊厳死・慈悲殺］
小笠原信之著
A5判変並製　二六四頁　1800円

高齢社会が到来し、終末期医療の現場では安易な「安楽死ならざる安楽死」も噂される。本書は、安楽死や尊厳死をめぐる諸問題について、その定義から歴史、医療、宗教・哲学まで、さまざまな角度から解説。あなたなら、どうしますか？

プロブレムQ&A
「障害者」と街で出会ったら［増補改訂版］
［通りすがりの介助術］
もりすぐる著
A5判変並製　二二四頁　1800円

最近はひとりで街にでかける「障害者」をよく見かける。「障害者」が生活しやすいバリアフリーな社会をつくるための知恵と、介助方法を紹介する。今回新しく、内部障害、難病の人との接し方などを増補し、全面増補改訂した最新版！

プロブレムQ&A
バリアフリー入門
［誰もが暮らしやすい街をつくる］
もりすぐる著
A5判変並製　一六八頁　1600円

街づくりや、交通機関、住まいづくりでよく耳にする「バリアフリー」。誰でも年を取れば日常生活に「バリア」を感じることが多くなる。何がバリアなのか、バリアをなくす＝バリアフリーにはどうすればいいのかを易しく解説。

プロブレムQ&A
戸籍って何だ
［差別をつくりだすもの］
佐藤文明著
A5判変並製
二六四頁
1900円
日本独自の戸籍制度だが、その内実はあまり知られていない。戸籍研究家と知られる著者が、個人情報との関連や差別問題、婚外子差別から外国人登録問題等、幅広く戸籍の問題をとらえ返し、その生い立ちから問題点までやさしく解説。

プロブレムQ&A
アイヌ差別問題読本［増補改訂版］
［シサムになるために］
小笠原信之著
A5判変並製
二七六頁
1900円
二風谷ダム判決や、九七年に成立した「アイヌ文化振興法」など話題になっているアイヌ。しかし私たちは、アイヌの歴史をどれだけ知っているのだろうか？　本書はその歴史と差別問題、そして先住民権とは何かをやさしく解説。最新版。

プロブレムQ&A
どう超えるのか？　部落差別
［人権と部落観の再発見］
小松克己・塩見鮮一郎著
A5判変並製
二四〇頁
1800円
部落差別はなぜ起こるのか？　本書は被差別民の登場と部落の成立を歴史に追い、近代日本の形成にその原因を探る。また現代社会での差別を考察しつつ、人間にとって差別とは何であるのかに迫り、どう超えるかを考える。毎日新聞で絶賛！

プロブレムQ&A
在日「外国人」読本［増補版］
［ボーダーレス社会の基礎知識］
佐藤文明著
A5判変並製
一八四頁
1700円
そもそも「日本人」って、どんな人を指すのだろう？　難民・出稼ぎ外国人・外国人登録・帰化・国際結婚から少数民族・北方諸島問題など、ボーダーレス化する日本社会の中のトラブルを総点検。在日「外国人」の人権を考える。

プロブレムQ&A⑫
在日韓国・朝鮮人読本
［リラックスした関係を求めて］
梁泰昊著
A5判変並製
一九六頁
1800円
世代交代が進み「在日を生きる」意識をもち行動する在日韓国・朝鮮人が増えている。強制連行や創氏改名などの歴史問題から外国人登録や参政権などの生活全般にわたる疑問に答え、差別や偏見を越えた共生の関係を考える。

「逮捕・起訴」対策ガイド
――市民のための刑事手続法入門
矢野輝雄著
A5判並製
二〇八頁
2000円
万一、あなたやあなたの家族や友人が犯人扱いされたり、犯人となってしまった場合、どうすればよいのか？　本書はそういう人たちのために、逮捕から起訴、そして裁判から万一の服役まで刑事手続法の一切をやさしく解説する。